極上の自分になる！

天使と引き寄せの法則

LICA

河出書房新社

天使は、いつもそばにいて、あなたを見護っています。
信頼してください。　安心してください。

何も心配する必要はありません。
あなたが、ありのままに存在するだけでいいのです。

あなたは、そのままで〝極上〟の存在です。

もう、自分をごまかすのはやめて、
もう、仮面をかぶるのはやめて、
もう、見ないふりをするのはやめて……。

透明に澄みわたり、これ以上ないほどキラキラと輝く、
本当の自分、極上の自分に戻っていきましょう。

今、あなたを幸せへと導く大きな波がきています。
極上の自分を生きる大きなチャンスが、訪れています。

自分自身を、もっと、もっと、もっと
自由に解き放ってください。
はっきりと、強く、疑うことなく、
あなたが生きたいと思う人生を選んでいってください。

Contents

Chapter 2
「好き！」を選ぶと、天使とつながり始める

Chapter 3
本当の自分に戻れば、何があっても大丈夫！

Chapter 4 極上の自分を思いきり楽しめば、夢は叶う

はじめに

天使が今、あなたに気づいてほしいと言っています。

あなたは、最高にすばらしい存在です。
もう、すでに「極上」で、思い通りの現実を引き寄せる力をもっています。

……でも、もしかするとあなたは、「自分がそんな存在だなんて、とても信じられない」と感じているかもしれませんね。

それは、まだ極上である本当の自分に気づいていないだけ。自分という存在について、ちょっと誤解をしているだけです。

天使は、あなたをいつも応援し、手助けしたいと思っています。

ずっとそばにいてくれる天使に気づいて、その存在とつながるだけで、これまでの誤解をほどき、〝本当の自分＝極上の自分〟になり、ほしい現実を引き寄せていけます！

そのために、特別な能力はまったく必要ないので安心してください。

望みさえすれば、誰でも天使にサポートしてもらいながら、新しい自分へと変わっていけます。

大切なのは、「天使が好き」という気持ち。

あなたはきっと、天使が好きだから、天使の存在が気になるから、この本を手に取ってくださったはずです。ですから、大丈夫。天使に後押ししてもらえます。

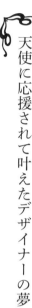

天使に応援されて叶えたデザイナーの夢

なぜそう言えるのかというと、私自身、天使が大好きで、天使とつながって望む現実を引き寄せてきたからです。

私は、小さい頃から憧《あこが》れていたパリコレデザイナーになるという夢を叶え、ブランド売り上げ30億円を達成しました。

でも、子どもの頃は人見知りで体も弱く、学校も休みがちでした。家庭の事情で2年制の専門学校にしか行けず、「この学校の卒業生がデザイナーになるのは無理」と先生から言い渡されたほどでした。


しかし、自分を信じてチャレンジしたところ、200倍の倍率を勝ち抜いて、デザイナーとして採用され、のちに起業し、東京コレクションやパリコレ参加の夢も叶えることができたのです。

このように書くとすごそうですが、私は特別な知識があったわけでもないし、コネや資金力があったわけでもありません。いたって、普通の女の子でした。起業してからは何度もピンチに立たされ、手痛い挫折感を味わったことも数知れません。けれど、いつもなんとか乗り越えられ、ありがたいことに、奇跡のような出来事を引き寄せることもできました。その間、ずっと天使が寄り添い、護ってくれていたのです。

今思い出すと、私は幼い頃、当たり前のように、見えない世界を感じ取っていました。でも成長するにつれて、その能力のことを忘れ、天使の存在にも長い間気づいていませんでした。

子どもの頃の夢をすべて叶えた後、導かれるように天使とつながり、今は、彼らが教えてくれることを、多くの方に伝える活動をしています。

天使からの「招待状」が届いている

この本では、私が天使から教えてもらったメッセージや、引き寄せの法則に従って、天使とつながり「極上の自分」になるための具体的な方法をお伝えしていきます。

私が実際に体験したエピソードや、周囲の人たちの体験談も交えながら、あなたの心がフッと楽になって、のびのびと過ごしながら、現実を思い通りに創造していくためのメッセージもたっぷりご紹介します。

がんばって夢を叶えようとしなくてもいいのです。

自分以外の人になろうと努力する必要もありません。

天使とつながり、あなたがあなたらしくいるだけで、現実がおもしろいように変わっていきます。毎日が、とても生きやすくなります。


天使は、あなたが意識を向けてくれるのを待っています。

私たちが極上である本来の自分を思い出して、この地球で心のままに遊び、自分らしく生きられるよう力を貸したいからです。

そして天使はいつでも、あなたの願いを尊重します。

だから、「天使とつながって幸せを引き寄せたい」「天使に助けてもらって、やりたいことをどんどん実現させたい」とまずは願ってくださいね。

私たちは、文字通り無限の可能性をもっています。誰に遠慮《えんりょ》することもなく、自分の思いを叶えていいのです。


地球では今、変化の時代が始まっています。

これからは、すでに動き出している大きな波に乗って、自分の本当にやりたいことをやっていく時代です。

何がしたいのか、今わからなくてもいいんです。天使とつながっていけば、自然にあなたの願いへと導かれ、毎日が光にあふれます。

私たちは、もともと愛されている存在です。

天使が全力で、私たちが最高の人生を生きられるよう応援してくれていますよ。

この本は、「極上の自分」になるための、天使からの招待状です。

どうぞ、天使からの招待状を開いて、「本当の自分＝極上の自分」を思い出してください。

思い通りの現実を引き寄せ、この楽しい地球遊園地を遊んでください！

ＬＩＣＡ

Chapter 1

天使とあなたは、いつも一緒の“ツインズ”

天使はいつでもそばにいる

あなたがこの世に誕生したとき、あなたの守護天使（ガーディアンエンジェル）も一緒に地球にやってきました。

天使は、生まれたその瞬間から片時も離れず近くにいて、応援しています。そして、あなたの人生が計画通りに進むように、いつもサポートしてくれています。

本当に、天使は私たちと「ツインズ」という言葉がぴったり。双子のように寄り添って、生まれてからこの世を去るまで、ずっと専属でそばにいてくれる存在です。

天使はいつも、こんなふうに伝えてくれます。

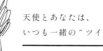

あなたがたひとりひとりに、守護天使は確かに存在します。
まず、そのことを受け入れてください。

とても心強いですね！　でも生きていれば、ときにはつらいことや悲しいこともあります。誰も助けてくれないと思ってしまうときもありますよね。
そんなときも天使は一緒です。

あなたがたは護られています。いつも愛されています。
そのことを忘れないでいてください。

そう天使は教えてくれていますよ。

「あなたは、あなたのままで完璧」と、天使は教えてくれる

ところで、天使が私たちにもっとも望んでいることって、何だと思いますか？

……幸せになること？　夢を叶えること？

いいえ、天使は私たちに、何も特別なことは望んでいません。いつもこう話しかけてくれます。

あなたたちは、完璧です。ありのままで完璧な存在です。

本当に、このメッセージは何度も何度も届きます。天使が私たちに一番伝えたい言葉なのかもしれません。同じくらい繰り返して伝えられるのが、次の言葉です。

あなたたちは、「愛」と「光」の存在です。

「え〜！　いつも怒ったり泣いたりしている私が、そんなふうには思えない」と言いたくなるかもしれませんね。でも、もう一度、天使の伝えてくれるこの2つの言葉を読み返してみてください。

あなたたちは、完璧です。ありのままで完璧な存在です。

あなたたちは、「愛」と「光」の存在です。

……心のどこかで、「嬉しい」「そうなんだ」と感じませんか？　ハートのあたりが、ホッとあたたかくなりませんか？　それは、あなたが本当に完璧だから。

そして、「愛」と「光」の存在だから。天使は、私たちの願いを叶えるために、いつもたくさんの愛とメッセージを送ってくれています。

あなたがたが思う、よいところも、悪いところも、すべては個性です。
認めて、受け入れてください。
私たちは、あなたがたのどんなところも愛しています。

そんな天使の存在に気づきさえすれば、現実に光が射してきます。あなたが本当にほしい現実を引き寄せる毎日が始まります。

Chapter1では、天使という存在についてくわしくお話ししながら、ワクワクしながら天使とつながり、本当の自分とは何かを知る方法をご紹介していきます。

天使は、あなたを絶対的に尊重し、尊敬している

「愛」と「光」である私たちを、天使は絶対的に尊重し、尊敬してくれます。

今まで私は、自分の守護天使から「これをやるべきです」「こんなふうにすべきです」と言われたことは一度もありません。

もちろん、日常の中で「深呼吸をしましょう」「自然の中に出かけてください」など、ちょっとしたアドバイスをもらうことはありました。

でもそれは、あくまでも私をニュートラルな状態に戻すための助言です。何かを選択したり、問題を解決したりするために、「答え」をもらったことはないんです。

なぜなら、天使の望みは、私たち自身が「今の自分」を大切にして、自分自身の人生を自由に進んでいくことだからです。天使は言います。

私たちは、あなたがたに、楽しみ、喜び、幸せに存在することを、選択してほしいのです。

あなたがたは、どのようにでも存在できます。あなたがたの選択次第なのです。


私たちは本来、自分の思い通りに生きていけます。

天使はそれを知っているから、いつでも私たちの意志を最優先してくれるのです。

それなのに、私たちはつい「自分はダメだ」と思い込んだり、自分をぞんざいに扱ったりしてしまいます。

でも、自分をないがしろにしていると、天使までないがしろにしていることになるのです。そして、自分を尊重していないと、天使も尊重していないことになるのです。

だって、天使と一生離れずにいる私たちは、「もう一人の天使」と言ってもいい存在なのですから。

神様を敬うように、自分を大切にしよう

実は神道でも、人間は神と同じ存在だと考えるそうです。

私のパートナーであるFUMITOは実家が神社で、神主の資格を持っているのですが、「僕たち人間の奥深くには、神様がいるんだよ」といつも教えてくれます。

あなたは、神社の拝殿にご神体として、鏡が祀《まつ》ってあるのを見たことがありませんか?

拝殿の前でお参りすると、その鏡に自分が映ります。それは、私たち自身がご神体、つまり神だということを表します。神道でも、自分を大切にしていなかったら、それは神様を大事にしていないと考えるのだそうです。

私たちは天使とツインズであり、「神様」でもあるのですね。

天使や神様を敬い、大切にするのと同じように、自分自身を大事にして、丁寧に扱っていきましょう。引き寄せの第一歩は、そこからスタートします。

目を覚まして、自分を祝福しよう！

ここまで読んできて、あなたはもしかすると、こんな疑問を持ったかもしれません。

「私たちは完璧なのに、なぜ天使に護られなきゃならないの？」

いいところに気づきましたね！（笑）

確かに、私たちは今のままで完璧です。無限の可能性に満ちていて、思い通りの現実を引き寄せられる、本当にすごい存在です。

……でも今、私たちは、そのことを完全に忘れてしまっているのです。

なぜかというと、自分が完璧な存在だということを忘れないと、この地球で「私」という人間として、遊ぶことができないからです。

これからお話しすることは、あなたが「本当の自分」を思い出すために、大事なお話です。でも、今はまだピンと来ないかもしれないし、「信じられない」と思うかもしれません。

それでも、問題ありません。「そんなこともあるかもしれないな」と、軽く受け止めるだけでもいいので、ちょっとおつきあいくださいね。この本を読み終わる頃、あなたはきっとまったく違う気持ちで、今からお話しすることを受け止めてくださると思います。

「本当の自分」を忘れてしまった私たち

この地球に生まれる前、私たちはもともと、大きなひとつの存在でした。

すべての存在とつながっている、宇宙そのものだったと言ってもいいかもしれません。そこから、「私」というひとつの魂に分かれて、私たちはそれぞれの目的をもって、この地球にやってきました。

そのとき、本当の自分がどんな存在だったかを、すべて忘れてきたのです。

それはなぜかというと、この地球でさまざまな体験を楽しむためです。そして、その経験を通して、自分は完璧だったのだと気づくためです。

本当の私たちは、時間も空間も超えられます。自由自在に現実をクリエイトできます。そのことを覚えていたら、この地球というめちゃくちゃおもしろい遊び場で、遊ぶ必要がなくなります。

地球でのゲームを思いきり楽しみ、本当の自分に還っていくためにすべてを忘れた私たち。そんな私たちが安心して遊べるように、天使が一緒に降り立ってくれました。そして、人生で計画してきたことをすべての人がやり遂《と》げられるよう、助けてくれているのです。

私たちは、あまりにも上手に本当の自分を忘れてしまいました。

まるで深い眠りについたように、目の前の現実に振りまわされて生きています。

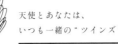

私たちがいつまでも目を覚まさないので、天使たちは今、これまで以上に力を合わせてサポートする体制に入っているそうです。私たちひとりひとりがどんな存在か思い出させるために、天使たちはあらゆる手助けをしてくれているのですね。
この本も、そのサポートのひとつです。あなたが手に取ってくれたことを、守護天使はとても喜んでいるはずですよ！

乾杯して、今を祝福しよう

天使は、今ひんぱんにこんなメッセージを送ってくれます。

あなた自身を祝福してください。
生きていることを、「今」を、祝福してください！

そして、「あなたたちを祝福します」「あなたはそのままで最高に祝福された存在です」といつも伝えてくれます。

そうやって、忘れてしまった本当の自分を思い出させようとしているのです。

祝福するという行為は、あなたという存在に限りない愛と光を送ります。

祝福すると、完全に忘れてしまっていた本当の自分を、思い出し始めます。

眠っていた「私」が目を覚まし始めます。

「お祝いでもないのに、祝福なんて……」と、引いてしまうかもしれませんが、なんでもない今を祝福することって、とても大事なんです。

特にいいことがなくても、人からほめられるようなことをしていなくてもかまいません。今日生きていることを、今の自分であることを、素直にお祝いしましょう！


私はパートナーのFUMITOとよく乾杯して、お互いを祝福し合っています。

ひとりでいるときも、乾杯します。飾ってある花の美しさに、お天気のすばらしさに、今日という一日に……。「乾杯！」と言うだけで、気持ちがパーッと明るくなり、幸せな気分になります。

言えない日は、もちろんムリすることはないですよ！

現実で何が起きていても、どんなあなたであっても、あなたが完璧な存在であることに変わりはないのですから。そして天使がいつも護ってくれているのですから。

本当の自分がどんな存在かに、ただ「気づく」だけでいいのです。たとえ今、自分が望み通りの自分を生きられていなかったとしても、いいのです。

「そうか」と気づくだけで、引き寄せが始まるのです。

現実を創るのは、あなた自身

「本当の自分がいくらすばらしくても、現実はこんなに厳しいし、私は、思い通りのことを全然引き寄せられません……」

そんなコメントを、ブログなどでいただくことがあります。

確かに、現実にフォーカスすると、「思い通りになっていない今」があるかもしれませんね。でも、その現実に自分を合わせる必要は、まったくありません。

天使は言います。たった一言ですが、いつもハッとさせられます。

真実は、あなた自身です。

現実で何が起きていても、それは、過去の自分が創り出した「結果」でしかありません。これからは、自分自身で現実を選んでいけます。だから、天使は「真実はあなた自身」と教えてくれるのです。

この世界には、自分が発したバイブレーションがそのまま現実になって現れるという法則があります。それが、引き寄せの法則の基本です。

今の現実は、「過去の自分」を反映しているだけにすぎません。その現実にフォーカスしていたら、永遠に過去を反映した、同じ現実を創り続けることになります。たとえば、「お金がない」という現実にフォーカスしていたら、お金がない未来を引き寄せ、「仕事がつらい」という現実にフォーカスしていたら、仕事がつらい未来を引き寄せてしまいます。

自分の気持ちと戦うと、現実でも人間関係や仕事のトラブルが起きるし、自分を疑うと、その疑いを裏づけるような出来事が起こってしまうのです。ネガティブなほうにフォーカスしてしまいがちな私たちを、ポジティブな視点に戻してくれます。

あなたがたは、どうしていつも、あなたがたの本質とは反対を選ぶのですか？

あなたがたは、愛であり、光である存在です。

「愛がない」「希望がない」と言って、自分たちと反対の生き方をするのを選ぶのはやめて、あなたがたの真実を選んでください。

望まない現実が、本当の自分を教えてくれる

天使はエネルギーがとても高いので、現実でどんなトラブルが起きていても、そこに焦点を合わせることは一切ありません。見ている次元が私たちと全然違います。

どこを見ているかというと、私たちの内側です。

本当の私たちが何を望んでいるのか。自分自身がどうしたいのか。

天使はそれに気づいてほしいと願っています。私たちの内側こそが、現実を創り出すことを知っているからです。

だから、どんなときも「真実は、あなた自身です。自分を大事にしてください」と伝えてくれるのです。

もし、今の現実が意に添わないものであったとしても、それは本当の自分がどうしたいのかを知るチャンスです。

問題や悩みの裏側には、必ずあなたの本心が隠れています。

本当は、笑っていたい、本当はいい気分でいたい、本当は幸せでいたい。

あなたは、きっとそう思っているのではないでしょうか？

そうであれば、目の前の現実から離れて、自分の「なりたい気持ち」になれることを自分にやってあげましょう。

いい気分になって、本当の自分をのびのびさせてあげることが、現実を変える大切な一歩になります。

好きなカフェで雑誌でも眺めながらゆっくりするのもいいし、プチ旅行に出かけるのもいいでしょう。気分の上がるネイルをしたり、少し贅沢なスイーツを食べたり、大好きなペットと遊んだり……。

ふと心に湧く「本当は、こんなことをしたいなあ」を大切にしてください。

望む未来を引き寄せる新しいあなたは、そんなところにいるのです。

天使は、あなたを護る神聖な「光」

いつも私たちを護ってくれる天使って、本当はどんな存在だと思いますか？

白い翼を広げた神々しい姿を思い浮かべる人も、多いかもしれませんね。

でも天使は本来、神聖で強烈な「光」です。

私たちがその存在を受け入れやすいように、天使は人間に近い姿で現れてくれるのです。

今、聖画や彫刻など多くの美術品に、美しい天使の姿があります。それは、昔の芸術家や宗教画家たちが、人間の姿で地球に現れた天使とつながって描かれたものなのです。そこに表された神聖な光をどうぞ感じてください。

天使は「スピリットガイド」とも呼ばれ、地球に生きる私たちを守護し、導くために存在しています。

先ほど、天使と私たちは生まれてからずっと一緒とお話ししましたが、実は、私たちが生まれる前から、魂に寄り添ってくれています。そして、私たちがこの世を離れるときも、魂を愛と祝福で包んで、天へと一緒に還ってくれます。

時空を超えて、誰よりも私たちのことを理解し、愛してくれている存在が天使なのです。

2種類の天使が、私たちを護ってくれている

この本でお話しする天使は、2種類存在します。

ひとつは、私たちのツインズであり「専属の天使」として護り導いてくれている守護天使です。

守護天使は、メインで護ってくれる存在の他に、1、2名は必ず存在しています。

私たちをいつも身近で応援し、思い描いた人生を送れるように手を貸してくれる心

強い聖なるパートナーです。

もうひとつが、後からお話しするミカエルやガブリエルのように、大天使と呼ばれる存在です。彼らは高次元にいて、深い愛とエネルギーで地球全体を護っていま す。それぞれに役割があり、天と私たち人間界をつないでいます。

大天使は、私たちが呼びかけたり、助けを求めたりすれば、すぐにやってきてくれます。そして、愛と光で優しく包んで、私たちがピンチを切り抜けたり、願いを叶えたりできるよう導いてくれます。

天使は、小さな手助けも得意

天使のサポートは、いろんな形でやってきます。

大きなピンチを救ってくれることもあれば、日常のちょっとした場面でさりげなく助け船を送ってくれるのも得意です。悩みの解決法をインスピレーションという形で教えてくれたり、テレビや雑誌などを通してほしい情報を送ってくれたり……。

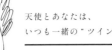

周囲にいる人を使って助けてくれることもよくあります。私は、天使が送ってくれた「助っ人」に何度助けられたかわかりません。その中で、ちょっとユニークな例をご紹介しますね。

私はアレルギー持ちなので、時々鼻をかみたくなるのですが、いつも持ち歩いているティッシュを忘れてしまったときのことです。

「あれ、困ったなあ～」と思いつつ、「まあ、なるようになるよね」と、鼻をすりながら歩いていると、目の端がキラッと光りました。

視界の隅が光ったら、天使からサインが送られている証拠です。「あ、天使のサインだ！」と思っていると、前から白いワンピースの女の子がやって来ました。そして「どうぞ！」とティッシュを手渡してくれたのです。

「ありがとう！」と笑顔で受け取り、すぐ鼻をかみました。もはや限界でした（笑）。

それにしても、すばらしいタイミングです。しばらく進んで「やっぱり、天使だったのかな」と後戻りしてみたのですが、そこには誰もいませんでした。

こんなふうに、**天使はいつでもどこでも、ことの大小にかかわらず、私たちを助**

けてくれます。だから、あなたも遠慮せず、ささやかな願いごとであっても、どんどん天使にお願いしてくださいね。

「ありがとう！」とハートで伝えると、その思いは天使に届きます。すると、ますます天使はあなたの手助けをしやすくなりますよ。

「信じること」で、天使と強くつながる

もし、今まであなたが天使の存在を感じられなかったとしても、天使とつながることは、実はそれほどむずかしくはありません。

もちろん、練習は必要です。でも、誰にでもできます！

どうすればいいかというと、ただ天使の存在を「信じればいい」だけです。

そう、天使がいつも一緒にいて護ってくれていると信じる。それだけで、天使とつながれるのです。

「え、ほんとにそれだけ⁉」と驚くかもしれませんね。でも、本当です。

そしてこれが、とっても大事なことなのです。

天使の存在を信じ、信頼することで、ハートが開いて、天使のエネルギーが流れ込みやすくなります。それで、あなたと天使との距離が一気に近づきます。

でも普通、天使は私たちの目には見えません。だから、信じたいと思っても、「そうは言っても……」と思う気持ちが残ることもあるでしょう。

こんなふうに考えてください。

確かに、天使は見えないけれど、愛や優しさも目に見えませんね。電波や超音波、エックス線も見ることはできません。しかし、この世界に存在しています。天使も同じなんです。実際に見ることはできなくても、存在しています。そして、その存在を心から信じるだけで、天使とのつながりが強く結ばれるのです。

ですが、「何が何でも信じよう」と無理をしなくてもいいのです。「天使が好き！」「天使とつながりたい！」という気持ちを持っているだけで、天使との絆《きずな》はしっかり結ばれます。

モンサンミッシェルと大天使ミカエル

天使の存在を証明する、とても素敵な「証拠」が、世界各地にあります。天使のお告げによって生まれた聖地や天使の伝説、天使を見たという証言が、世界中に数多く残っているのです。

世界遺産でもあるフランスの修道院モンサンミッシェルも、大天使ミカエルのお告げによって建てられたという話をあなたは知っていますか?

モンサンミッシェルが建てられた場所は、もともと先住民のケルト民族が信仰する聖地でした。

8世紀のはじめのことです。近くの町に住む司教オベールの夢に大天使ミカエル(フランス語でサン・ミッシェル)が現れ、「この岩山に聖堂を建てよ」と告げました。

ミカエルは二度も現れたのに、司教は「ただの夢だ」と無視したそうです。

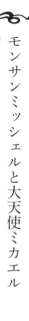

三度目に現れたとき、ミカエルは司教の額に指を触れて強く命じました。朝起きて、額に穴が開いていることに気づいた司教は「これは本物のお告げだ！」とようやく気づき、聖堂の建設に向けて動き出したといいます。

額に穴の開いた司教の頭蓋骨が今でも保存されているそうです。

モンサンミッシェルには、大天使ミカエルの像が建てられ、聖堂や岩山のあちこちでミカエルの力強いエネルギーが感じられます。

また、あの有名なジャンヌ・ダルクも、少女の頃からミカエルのメッセージを受け取っていたと伝えられています。その呼びかけに従って、フランスとイギリスの間で起きた100年戦争の際、フランスのために彼女は戦いました。

聖書にも、天使は数え切れないくらい登場します。もっとも有名なのは、聖母マリアに受胎告知をおこなった大天使ガブリエルでしょう。百合の花を手にしたガブリエルの受胎告知の姿は、多くの画家が手がけています。

ぜひ、芸術品の中の天使や、世界に残る天使伝説に触れてみてください。天使たちの存在がより身近に感じられ、ますます天使が好きになれると思います。

天使は、あなたに「サイン」を送っている

天使を信頼し、その存在を意識し始めると、天使から送られるいろいろな「サイン」に気づきやすくなります。

天使のサインは、本当にバリエーション豊かです。あなたの世界に、七色の光が灯ったように、毎日がとても楽しくなります！

たとえば、あなたの毎日にきっとこんなことが起きるでしょう。

道を歩いていると白い羽根が落ちているのを見つけたり、どこからともなく花のいい香りが漂ってきたり、天使の絵やグッズをよく見かけるようになったり……。

それらは、全部天使からのサイン。そんなことが起き始めたら、あなたにサインを送っている天使の存在に思いをはせてみてくださいね。

自動車のナンバープレートやデジタル時計などで、「ゾロ目」をよく見るときも天使のサインです。特に「4」はエンジェルナンバーなので、「44」「444」という数字を見たら、天使から「気づいて」と合図が送られていると思ってください。

また、天使の姿や羽根の形をした雲が浮かんでいるのを、見かけるようにもなります。天使を思いながら空を見上げてみましょう。

その他にも、誰かから突然、天使グッズをプレゼントされるかもしれません。どれも、気をつけていなければ見逃してしまいそうな、本当にちょっとしたサインです。でも天使が、あの手この手で、あなたに「気づいて！」とメッセージを送っているのです。

だから見落とさないように、毎日、天使を意識して過ごしてみてください。

ときには、音を使って、自分の存在を教えてくれる天使もいます。

突然どこからともなくきれいなハミングが聞こえたり、ドアチャイムのような澄んだ鐘の音がチリンチリン、ファンファンなどさまざまな音色で響いたり……。天使たちは、音楽（特にクラシック）や鐘の音が大好きなんです。それで、よく音を使ってコンタクトを取ってくれるのです。

天使のワークショップやセミナーをしていると、会場に突然チリリーンと高い鐘の音が聞こえて、みんなビックリすることも何度かありました。

そうそう、先ほどお話しした、目の端にキラッと光が走るのも天使のサインです。「今、このタイミングだよ」「それでＯＫだよ」「元気を出して」など、天使は、そんなサインで教えてくれます。

街角の看板やポスターに書かれてある言葉、テレビやネットの情報などを通して、天使がメッセージを送っている場合もあるので、見過ごさないようにしましょう。

数日間のうちに、同じ地名や言葉を何度も見かける、ふと開いた雑誌やサイトで、「どうしようかな」と迷っていたことの答えだと思えるようなメッセージに出会う。

それが、実際に天使からのサインであれば、必ずピンとくるはずです。そのピンときた感覚をキャッチしてください。

これからあなたにも、天使からいろいろなサインが届くと思います。どうぞ、期待していてください！

天使からサインを受け取る2つのコツ

天使とつながってサインを受け取るには、ちょっとしたコツが2つあります。

それは、一度トライして感じられないからといってあきらめないこと。

そして、自分の得意な感覚を使って感じることです。

たとえば、まったく泳げない人がスイスイ泳げるようになるまでには、練習が必要ですよね。自転車や車の運転、英会話なども同じです。

天使の存在を感じたり、コミュニケーションを取ったりしたいと思ったら、少しずつ練習することが大事なのです。

でも、「天使が好き！」という感覚を大事にしながら、リラックスしてチャレンジしていると、必ず天使とのパイプがつながります。この本を読みたいと思い、手に取っていただいたことで「初めの一歩」はクリアしていますよ！　どうぞ安心して天使とコンタクトを取ってください。

練習をするときに大事なのが、「自分の得意な感覚」を使うことです。

たとえば、音楽が好きだったり、音に敏感だったりする人は、音をメッセージとして、天使からのコンタクトを受け取ることが多いでしょう。

同じように、鼻が敏感な人は香りを通して、絵画や美しいものが大好きな人は光や雲などを見ることで、天使の存在をキャッチするかもしれません。また、ものの手触りや肌触りなどの感覚が鋭い人は、風やふとした空気の動きで天使の存在を感じるかもしれません。

あなたの敏感な感覚は、どこでしょう？

それがどこかを意識して、アンテナを立てるつもりで感覚を研ぎ澄ませてみましょう。そうすると、ますます天使とつながりやすくなるでしょう。一生懸命つながろうとしてくれるあなたを、天使たちはとても喜んで見護っています。そして、応援のエネルギーをいつも送ってくれていますよ。

天使とつながれるのは、「特別な人」だけではない

たくさんの方たちに天使とつながっていただきたくて、私は「天使とつながるチャネリングワークショップ」を開催してきました。今まで約800人を超える方が参加してくださり、ほぼ8割の方がその場で天使の存在を感じています。

特に、2015年以降は、99%の人がその場で何らかのメッセージを受け取っています。残りの1%の方も、天使の存在自体は感じているので、100%と言ってもいいくらいです！

でも、それは当然のことなんです。だって、必ずひとりひとりに守護天使がいるのですから。ハートを開いて、天使に思いを向けるだけで、その存在を誰もが感じられます。天使とつながれるのは、決して特別な人だけではないのです。

天使は、あなたがコンタクトするのを待っている

ワークショップで天使の存在を感じると、参加者の方たちは口々にこう話します。

「感動して、涙があふれて止まりませんでした」

「今までにない安心感を覚えました」

「美しい光を感じて、鳥肌が立ちました！」

みんなピカピカに輝いて、幸せそうな笑顔を見せてくださいます。


もしかすると、あなたはこんなふうに思ったかもしれませんね。

「でも、私は鈍感だし、目に見えない存在を感じたこともないし……」

「特別に指導してもらわないと、天使を感じるのは無理でしょう⁉」

確かに、自分ひとりで天使とつながれるか不安ですよね。

でも、大丈夫！　天使は、あなたがコンタクトを取ってくれるのをいつでも待っています。もちろん、私がサポートしなくても、誰でも天使とつながれます（具体

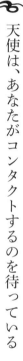

的な方法はのちほど紹介するので、楽しみにしていてください）。

守護天使に名前を尋《たず》ねる方法

ワークショップの参加者たちは、龍や虹、鮮やかな光などさまざまな形で、天使の存在を感じます。天使は、その人が親しみを持ちやすい姿、一番受け止めやすい形でやってきてくれるのです。

その守護天使に、まず「名前」を聞いてみませんか？

守護天使は、ひとりひとり名前を持っています。私の守護天使の名前は、レイチェルです。この名前は、数年前にチャネリング（目の見えない相手と意識を合わせること）して名前を教えてもらいました。

そのとき、「その証拠を見せて」とお願いしてみたんです。すると「テレビを観て」というメッセージがきたので、ちょうど始まっていた映画を観ると、なんと主人公の名前が「レイチェル」でした。

もちろん、あなたも守護天使に名前を教えてもらうことができます。

前著『天使が教えてくれた「おしゃれの法則」』で、守護天使に名前を尋ねるワークを紹介したところ、本当に多くの方が、自分の守護天使の名前をキャッチできたのです。

ある読者の守護天使は、「クローバー」という名前だと教えてくれたそうです。「でも、単なる思い込みかも」と半信半疑だったところ、その日4回も四つ葉のクローバーのイラストやグッズを見て、やっぱり本当だと思ったとのことでした。

他にも、本当にたくさんの方たちが、守護天使から名前を聞いています。名前を呼びかけると、より強くつながれるので、ぜひあなたもチャレンジしてみてください。では、簡単におさらいしましょう。

★守護天使の名前を尋ねるワーク

①ひとりになれる落ち着いた場所に花（バラがおすすめ）を飾り、キャンドルに火を灯します。お香やアロマオイルを焚《た》いてもいいでしょう。

②目を閉じて座り、深呼吸してリラックスします。
③ゆっくり呼吸しながら、ハートの部分があたたかな光で包まれるのを感じます。
④心が静まったら、守護天使に「あなたの名前を教えてください」と尋ねます。

守護天使からの答えは、すぐにくる場合もあれば、しばらく時間をおいてインスピレーションとして伝えられる場合もあります。また、夢やテレビ、映画、音楽などを通して教えられることもあります。

その名前は、一般的な人名とは限りません。意味を持たない文字の組み合わせもあります。でも、必ずピンとくるので、自分の感覚を信頼してください。「絶対に聞き出さなきゃ！」と肩に力を入れず、「どんな名前だろう」とワクワクしながら聞くことがポイントですよ。

また、名前は数日おいて伝えられることもあるので、自分が天使に尋ねたということをしばらく意識し続けてくださいね。

でも、もし名前がわからなくても問題ありません。「私の守護天使」と呼びかければ、いつでもつながれるので安心してください。

天使の周波数はとても高いので、ストレスや不安、心配事などがあるときは、別の日にワークをすることを、おすすめします。この本に書いてあることを、できる範囲で実践しながら、「天使が大好き！」という気持ちで過ごしていると、周波数が上がり、必ず天使とつながれます。「最近いい感じ！」と思えるようになったら、またトライしてみましょう。

あなたのイマジネーションには、天使をキャッチする力がある

ところで、チャネリングワークショップをしていると、少しだけ気になることがあるのです。

それは、本当は天使の存在やメッセージをキャッチしているのに「これは、私の思い込み」「自分が勝手に考えただけ」と、「受け取り拒否」をしてしまう場合があることです。

たとえば、「あなたの守護天使の姿を思い浮かべてください」というと、こんなに素敵な答えが返ってきます。

「大きな翼があって、手にはハープのような楽器を持っていました」

「金色の長い髪で、ブルーの光に包まれていました」……。

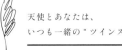

どの方も、とてもすばらしい天使との出会いを経験しているのですが、その次にこんなふうにつけ加える方がいらっしゃるのです。

「あ、でもこれは、私の思い込みかもしれません……」

いいえ、違いますよ！（笑）ちゃんと天使の存在をキャッチしているから、「そのイメージ」が浮かんでくるのです。

だって、天使といってもその姿はさまざまです。可愛らしいエンジェルもいれば、荘厳なエネルギーを持った大人の天使もいます。たくさんの天使の中から、たったひとつの姿を受け取ったのは、守護天使があなたに自分のエネルギーを送っていたからに他なりません。

そのエネルギーが、イマジネーションという形で浮かんでくるのです。どうぞ、自分の感覚を信頼してください。

ここで、ちょっとイマジネーションの実験をしてみましょう。

もしあなたが今ひとりでいるのなら、目を閉じて深い呼吸をしてリラックスしてください（今できない場合は、後でぜひ試してくださいね）。

心が落ち着いてきたら、あなたの前にドアがあるのをイメージします。そのドアは、守護天使とつながるドアです。

……さて、どんなドアが目に浮かびましたか？

ワークショップでこのワークをおこなうと、ひとりひとりとても個性豊かなドアをイメージします。

アーチ型の白いドア、金の取っ手がついたクラシカルなドア、シンプルな木製のドア、呼び鈴のついたドア……。誰ひとり、まったく同じドアをイメージする方はいません。

数あるドアの中から、あなたが「そのドア」をイメージしたのはなぜでしょう？

それは、決して思い込みや思考が生んだものではありません。

天使から送られたエネルギーを受け取って、あなたがビジュアル化したものです。

それこそが、天使が送ってきたビジョンなのです。

どうぞ、自分の感覚を信頼して、天使からのエネルギーを素直に受け取ってください。

周波数を上げると、天使とシンクロしやすくなる

天使の周波数はとても高くて、愛にあふれ、その存在を感じるだけで涙が出るような、光にあふれたバイブレーションを持っています。

だから、天使とつながりやすいのは、私たちの周波数が上がったとき。逆に言えば、天使とつながりたいと思ったら、周波数を上げるよう意識していけばいいのです。

では、周波数を上げるにはどうすればいいでしょう?

天使はいつも、周波数を上げる方法を具体的に教えてくれます。

その中でも、ひんぱんに言われることを、3つお伝えしますね。どれも今すぐできることですから、ぜひ今日から天使とのつながりを深めていってください。

まずひとつ目は、深い呼吸をすることです。

今私は、いつも天使とつながっているので、特別に瞑想して天使を呼び出すことはほとんどありません。でも以前は、困ったときや迷うことがあるときなど、天使とチャネリングすることがありました。

そのとき、いつも真っ先に言われたのが「今すぐ、深い呼吸をしてください」という言葉でした。それだけでなく「吸って〜、吐いて〜」と、誘導までしてくれることもありました。

「え〜⁉ アドバイスがほしいのに、なんで呼吸なの〜」と思いましたが、実は深い呼吸をすることがとても大切だったのです。

深い呼吸をゆっくりしていると、地に足のつかなかった状態がスーッと落ち着きを取り戻し、静まっていくのがわかりました。ガチガチだった体の力が抜けてリラックスでき、すばらしい解決法がフッと浮かぶのでした。

呼吸は、体と心をつなぐ唯一の手段です。

深い呼吸をすれば、心も落ち着いた状態になり、周波数を上げることができるのです。

心がネガティブになっていると、呼吸は必ず浅くなっています。そんなときは、体にも力が入り、周波数が低い状態です。逆に、ポジティブでくつろいでいるとき、体の力も抜け、深くゆったりとした呼吸ができています。

天使はそれを知っているので、いつも呼吸の大切さを教えてくれたのです。

自然と触れ合い、五感を磨こう

次によく言われたのが、自然と触れ合うことです。

私は以前、東京郊外にある高尾山の麓《ふもと》に住んでいたのですが、その頃はよく「自然の中に行ってください」と、天使からメッセージが届いていました。

光をあおいでください。花々をめでてください。風の匂いをかいでください。

そこには、まぎれもない愛が存在しています。

あなたがたは、ひとりではないのです。
太陽も月も木々も花々も、すべてはあなたがたとひとつなのです。
耳を澄まして聞いてください。
風の音、虫の声、鳥のさえずり……。
それだけで、魂は癒《いや》されます。癒しは、あなたのまわりにたくさんあるのです。

天使の言葉に従って高尾山を散策してみると、季節の花はいつも「私を見て！」と言っているように、キラキラ輝いています。木々や植物もエネルギーいっぱいで、元気を与えてくれます。
そんな中を歩いていると、新しいアイデアが浮かんだり、どうしようか迷っていたことの答えが見つかったりするのでした。純粋にとても気持ちよく、ワクワクして幸せな気持ちになれました。

3つ目は、体の感覚を大事にするということです。

私たち人間は、視覚、聴覚、嗅覚、触覚、味覚の五感を生まれながらに持っています。

でも今、自分の五感を使っていない人が多いと天使は言うのです。

確かに、頭の中が考えごとでいっぱいで、食事や飲み物をきちんと味わえなかったり、吹いてくる風の香りや聞こえてくる音に、気づかなかったりすることはありますね。

しかし、五感を満たす生活を心がけると、エネルギーが自然に上がります。

たとえば、お茶や食事をじっくり味わう、音楽をゆっくり聴く、好きな絵や映画を観に行く、肌触りのいいタオルやリネン類を使う。アロマオイルやハーブを生活に取り入れる。そんなふうに体の感覚を心地よく刺激して、五感を気持ちいい感覚で満たしていきましょう。

そうすると、五感が磨かれ、研ぎ澄まされてきます。もちろん周波数も上がっていきます。また、天使からのサインをキャッチしやすくなります。

感じることに集中してください。
頭で考えることを習慣にするのではなく、感覚を大切にしてください。
ひらめき、直感は感覚を伝わってやってきます。
考えすぎないで、やってきた直感を素直に受け取ってください。

天使とリンクできる環境づくり

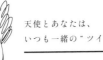

天使と周波数を合わせるために、普段どんな環境で過ごすかも大きなポイントになります。衣食住すべてにおいて、天使とリンクできるような暮らしを意識して、神聖なエネルギーを呼び込んでいきましょう。
天使が大好きなのは、「音楽」「自然」「花」「香り」です。
たとえば、音楽ではモーツァルトやバッハなどのクラシック音楽、花はバラが天使のお気に入りです。
でも、もっとも大切なのは、自分自身が居心地のいい部屋を創ることです。あなたが心地いいと感じるもの、大好きだと思うものを日常にたくさん取り入れてくださいね。

スッキリと片づいた快適な部屋で、美しい音楽が流れ、きれいな花が飾ってあり、いい香りが漂っている。窓を開けると自然の風が入ってくる。

そんな心地いい環境で五感を刺激することで、感性がみずみずしさを取り戻し、天使とつながりやすくなっていきます。


他にも、周波数を上げて天使とつながる方法がたくさんあります。

周波数が高くなると、本当の自分は完璧で、ありのままでいいのだということに気づきやすくなります。また、天使のサポートを受けやすくなるので、どんどん引き寄せ体質になり、望みを現実化できるようになります。

次の章で、自分の周波数を上げる方法を具体的にお話ししていきましょう！

Chapter 2

「好き！」を選ぶと、天使とつながり始める

天使と同調するには、とにかく「好き」を選ぶこと！

周波数を上げて天使とつながるために、一番大切な感情は何だと思いますか？

それは「好き！」という気持ちです。

何かを好きだと感じるとき、私たちの周波数はサッと高くなります。

たとえば、趣味や音楽、ファッション、人、ペットなど、あなたが好きだと思うものについてちょっと考えてみてください。

……どうですか？　幸せな気持ちになりませんか？

今、あなたの周波数はさっきよりずっと高くなっていますよ！

「嬉しい！」「幸せ！」「大好き！」。

そんな気持ちを感じているとき、天使とあなたのバイブレーションはグッと近づいていています。天使は、こんなふうにアドバイスしています。

あなたがたには、本来何も必要ではありません。楽しみや喜びを見出せるものだけを選んでください。


楽しさや喜びは、「好き」という感覚が連れてきます。

だから、何かを「好き」という気持ちを、とことん大切にしましょう。そして、日常的に好きなものと触れるようにしましょう。

「私は、これが好き！」という気持ちに素直になって、思いきり毎日を楽しんでください。自分の好きなことをやったり、好きな人と過ごしたり、好きなものを食べたり、好きなものに囲まれたり……。

「好き」で生活を満たしていくと、あなたのエネルギーはどんどん高くなっていきます。すると、いろんなアイデアやインスピレーションが次々に湧いてきます。

そして、いつも幸せで満たされ、パワフルになれます。

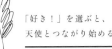

それは、天使とあなたが共鳴し、同調しているということです。

同調とは、相手と同じ周波数になっていくことです。だから、天使からのサインをキャッチしやすくなり、同時に、そのサポートを受け取りやすくなるのです。

そうなっていくと、ほしい現実を引き寄せる力が一気に強くなります。自分ひとりで引き寄せるのではなく、天使がサポートしやすくなるからです。

高尾山で同調した伝説の存在

何に同調するかは、自分が意識を向けるところや一緒にいる人、いつもいる場所によって変わります。私たちは、周囲の環境に影響を受けやすいので、自分の環境を「好き」で満たすことが本当に大事になってくるのです。

ちょっとユニークな私の同調体験をご紹介しますね。

私はいつも天使と同調していますが、高尾山にいるとき、少し変わった存在とチヤンネルが合いました。それは、なんだと思いますか？

なんと、「天狗《てんぐ》」です。そう、あの民話や昔話に出てくる天狗を、高尾山で何度も見たのです！

もちろん、人に話すと「うそ〜⁉」と驚かれます。初めて見たときは私も「まさか！」と驚いて、思わず目を逸《そ》らしました。そして、もう一度視線を戻したのですが、そのときはもういなくなっていました。

でも、大きな翼をバサーッと広げ、高下駄を履いて、高尾山にあるお寺薬王院《やくおういん》の屋根に立っていたその姿は、まさに天狗でした。

実は、高尾山は天狗の伝説が残る霊山で、薬王院は古くから天狗と縁《ゆかり》のあることで知られています。たぶん当時、高尾山のエネルギーと私が同調していたので、天狗の姿が見えたのだと思います。

だから、天使と同調したいと思ったら、天使の描かれた聖堂や教会、聖画が飾ってある美術館を訪れたり、天使グッズを身近に置いたりしましょう。もちろん、「好き」を毎日に取り入れましょう。

意識のチャンネルをどこに合わせるかで、つながる存在が変わる

毎日の中で自分が何と同調するかは、とても大事です。

テレビのチャンネルを切り変えると、見られる番組が変わるように、どこに周波数を合わせるかで、見えるものや体験できることが変わってくるからです。

時々、周波数が低い存在にチャンネルを合わせてしまい、ちょっと怖い思いをしている方から、「どうしたらいいでしょう」と相談を受けることがあります。

でも答えは簡単。意識を合わせているチャンネルを、変えればいいだけ。

いつも美しい存在や聖なる存在に意識を向けていればいいだけなのです。すごくシンプルですね！

そうすれば、必ず自分の周波数のチャンネルが変わります。そして、いつの間にかネガティブなエネルギーを持った存在とはリンクしなくなります。

そのようにアドバイスすると、相手の方の暗かった顔がパッと明るくなって、その瞬間、エネルギーが変わるのがわかります。その後、たいてい「あれから、怖い

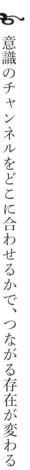

ものは見なくなりました」とご報告いただきます。

パートナーのＦＵＭＩＴＯも、小さい頃から目には見えない存在を見る力がありました。小学生のときはいろんな存在が見えて、とても怖かったそうです。

低学年の頃、あまりにも怖くて当時神主だったおじいちゃんに相談したら、「お前はこの神社に生まれて、何を信じているんだ？」と言われたのだとか。

ＦＵＭＩＴＯが「僕は、神様を信じています」と答えると、おじいちゃんは「何を信じるのか？　神様に言ってきなさい」と言ったそうです。それを聞いて、ＦＵＭＩＴＯは神前で神様を信じますと伝えたのだそうです。その後、怖い存在は一切見えなくなったとのことでした。

こんなふうに、何に意識を向け、周波数を合わせるかによって、キャッチするエネルギーも、自分が体験することも変わってきます。

天使のことが大好きで、天使とつながれると完全に信じていると、それだけで天使と同調していきますから、「天使が好き！」「天使に護られて、嬉しいなあ！」という気持ちを、どうぞ大事にしてくださいね。

すべては、自分の意識が創っている

もう数年前になりますが、「意識を向けること」の大切さについて、天使が教えてくれました。ある日、ひとりでカフェに行った帰り道のことです。

カフェでは、読書やプロジェクトのアイデア出しをして、5、6時間ほど過ごしました。「さすがに、疲れたなあ」と思い、家への道を歩きながら、少し心がどんよりしてしまいました。それで、天使に尋ねてみたのです。

「特別な理由はないのに、心がどんよりするのはなぜですか?」

すると、「そばに流れている川を、見てみなさい」という答えが返ってきました。

立ち止まって、道の横に流れている川を見ると、水面が夕日に輝いていて、キラキラと美しく光っていました。

「とてもきれいです」と私が答えると、天使はこう言いました。

「きれいだ」と思うのもあなた。「疲れた」と思うのもあなた。
すべては、あなたが選んでいるのです。「心がどんよりしている」と選んでいるのは、あなた自身です。

「そうか！」と感動していると、天使はさらに続けました。

今、たった今、空を見上げなさい。大きく広がる空に意識を向けなさい。
そして、その体を抜けて、小さな心の中にいるあなた自身を、あの大空まで拡げなさい。

この言葉で、ハッと気づきました。「ああ、私は本当に小さな心の中の、扉を閉じた部屋の中にいたのだな」と。澄《す》んだ空を見上げると、太陽の光がサッと射してきました。私はゆっくり目を閉じて、縮こまっていた心を解放し、イメージを使って意識を拡げていきました。

意識を向けるだけで、つながれる

意識は体を抜け出し、次第に拡がっていきました。

山々を越え、町を包み、さらには大空へ、そして、宇宙へと拡がっていきました。

そこまで意識が拡がると、シーンとして周囲の音は何も聞こえなくなり、ただひたすら心地よく、ぽっかりと宇宙に浮かんでいる気持ちでした。

「何を感じますか？」という天使の声が聞こえました。

我に返った私は「宇宙とひとつになった自分を感じます」と答えました。

今度は、「あなたの体は何を感じますか？」と尋ねられたので、私は、体に意識を向けました。体が、あたたかさに包まれているのを感じました。

「あたたかいです」と答えると、天使は教えてくれました。

すべては、あなたの意識なのですよ。

すべては、私の意識……。

涙が自然にあふれてきました。


私たちはいつでも、意識を向けさえすれば、つながりたいところにつながれます。天使や宇宙にだって、もちろんつながれます。体には制限がありますが、意識は自由でとてつもなく拡がれます。無限の可能性をもっているのです。

もちろん、あなたがつながりたい存在、引き寄せたい状態に意識を向ければ、それだけでつながることができます。

大切なのは、どんなところとつながりたいのかを、決めることだけです。

自分自身を幸せにしてくれる存在、楽しさや喜びを感じさせてくれる状況に、いつも意識を合わせましょう。

引き寄せの「作用点」を意識する

意識を向けるところによって、私たちの周波数は、一瞬一瞬変わっていきます。私たちのバイブレーションは決して一定ではありません。毎瞬ごとに変わります。ですから、いつも極上の自分に合わせた状態、「好き！」「嬉しい！」「楽しい！」と思える状態に意識を合わせてください。これは、とても大切なことです。

どんなに落ちこんでいても、意識や行動を変えるだけで、周波数はすぐ変わります。「好きなこと」や「楽しいこと」をやっていくと、あなたの周波数は、高い状態で振動していきます。

なぜ、高い周波数でいることが大切なのかというと、ひとつは、これまでお話ししてきたように、天使とつながるためでした。でも、もうひとつ理由があります。

引き寄せには「作用点」があり、その作用点がどんな状態で働くかによって、引き寄せるものが変わってくるからです。

たとえば、現実でトラブルが起きたとします。

その現実にフォーカスして、「このトラブルをなんとかしなきゃ！」と焦って行動すると、その周波数が引き寄せの作用点になり、より焦らなくてはならない状況を引き寄せてしまいます。本当はスッと解決したはずのことが、長引いたりする場合さえあります。

好きなこと、リラックスすることで気分を上げる

だから、トラブルが起きたときは、ひとまず現実は放っておきます。

そして、自分の内側に意識を向け、周波数を上げていくのです。

自分の心の声を聞いて、好きなことをしたり、リラックスしたりして、自分本来のエネルギーを取り戻していきます。すると、バイブレーションが高くなり、問題解決のヒントが浮かんでくることが多いのです。あるいは、自然にトラブルが解決

していることもあります。気分がよくなれば周波数が上がり、そこから行動すると、引き寄せの作用点は、気分がいい、つまり周波数の高い状態なので、さらに、いい気分になる現実を引き寄せるというわけです。

作用点の原理をマスターすれば、とても楽で、快適に引き寄せの法則が使えます。現実に対処しようとして無駄な苦労するのではなく、どんなときも自分自身を幸せな状態にすることだけを考えていればいいのですから。天使も、こんなふうに言っていますよ。


トラブルが起きたとき、困ったことが起きたとき、それを大変だととらえないでください。変化として受け取ってください。

変化は、変わることのない法則です。変化はあなたへのギフトでもあるのです。

心を静めて、あらゆる変化をいったん受け入れてください。

そして深い呼吸をして、遠くから見つめてください。

あなたの変化がギフトだという側面が見えてくるでしょう。

買い物は、「好き！」を選ぶ絶好のチャンス

「好き！」を意識して選ぶ練習にぴったりなのが、買い物です。

たとえば洋服やアクセサリーを買うとき、あなたはどんな基準で選びますか？　また手頃な値段だから買ったり、手近な商品で間に合わせたりしていませんか？　または、「流行ってるから」「無難だから」という理由で決めてはいませんか？

いい気分になるために絶対おすすめなのが、どんなものを買うときも「大好きなもの」を選ぶこと！　それを持っているとワクワクしてテンションが上がるもの、胸がキュンとしてときめくものだけを買うことです。

このとき大切なのは、「１００％好き」を選ぶこと。そして、できれば値札を見

ずに自分の「好き！」だけを基準に選んでください。

といっても普通は、なるべくお得な買い物をしたいし、長く着られる服や着回しのできる服を買いたいと思いますよね。それに、「値札を見ないで買うなんて無理！」と感じるかもしれません。

でも、いつもそのスタンスで買い物をしていたら、いい気分になったり、幸せな気持ちになったりすることはなかなかできないのです。なぜかというと、値段を見ると、その時点で思考が始まってしまうからです。

「この金額だったら、他のお店のほうが安いかも」「今の私には高すぎる」などと考え始めると、純粋な「好き！」という気持ちからどんどん離れてしまいます。

値札を見ずに買い物できる自分になる

しかし、ほとんどの人は、今まで値段を見て買い物をしてきましたよね。だから、値札を見ないで買うことに抵抗があることもわかります。

はじめは、小物やTシャツなど、買いやすいものから少しずつ練習していきましよう。

「100％好き」だけで買い物すると、純粋に「わあ、嬉しい！」と思えてテンションが上がります。嬉しいし、とても幸せな気持ちになれるのです。

その感覚を一度ぜひ味わってください。きっと、やみつきになりますよ。

実は、「100％好き」を基準にして買っていないと、とても無駄なことになるのです。必ず、要らないものも買ってしまうからです。

たとえば、間に合わせで買った服を一、二度着て飽きてしまったり、「バーゲンだから」とつい無駄なものを買って後悔したりしたことはありませんか？

そのときはお得だと感じても、後で使わないのであればもったいないですね。

好きという感覚で選んでいないものは、愛着があまり持てません。

だから、ときには買ったことを忘れてしまうことすらあります。それこそ、無駄ですね。

でも、心から好きで買ったものは、大切に使います。そして、それを着たり使ったりするときは、いつも幸せを感じられます。その心地よさがわかると、買い物のときに、本当に好きかを真剣に吟味《ぎんみ》するようになるので、無駄なものを買わなくなりますよ。

さらに、不思議なことが起こります。「好き」を大切にすることで、天使を感じやすくなってきます。そして、とても平和で、幸せな気分になります。

好きなものだけに囲まれた世界は、天使が喜ぶ最高の空間になる

「好き！」を選び続けると、あなたの中に、次第に新しい価値観ができていきます。

それは、いつも「100％好き」を基準にする価値観、「天使とつながる極上の自分」に合った価値観です。

その新しい価値観は、あなたの毎日を新鮮なエネルギーで満たし、いきいきしたものに変えていきます。

まず何が起こるかというと、新しい価値観から合わないものは、生活の中から次第に引き算されていくことになるでしょう。

たとえば、それまでは大事にしまっていたものがもう必要ないとわかったり、なんとなく持ち続けていたものが、無駄だと感じたりし始めます。そのうち、大々的に部屋の整理を始めたくなるかもしれません。

その感覚に従って部屋を整理し始めると、古い価値観で選んでいたものが周囲からなくなり、自分のまわりが「100%好きなもの」で満たされていきます。

そして結果的に、生活がミニマムに、そしてシンプルになっていきます。

こうなると、毎日が幸せです。**いつもスッキリしていて、自分のまわりにある大好きなものたちがすべて、あなたにエネルギーをくれるようになる**からです。

極上の自分に合わせた空間創り

自分の価値観に合わせて、毎日過ごす空間を「極上」に整えておくことは、天使とつながる上でもとても大事です。

実は、私は大の引越し好きで、この10年だけでも6回引越ししています。

そのたびに、エネルギーがリフレッシュされ、自分自身もパワーアップしていくとわかっているので、定期的に引越ししたくなるのです。

引越しをきっかけに大きなイベントやプロジェクトが決まったり、引越した場所のエネルギーにインスパイアされて仕事の幅が広がり、自分の新たな可能性を発見したり……。引越しが私の人生にもたらした恩恵は計り知れません。


古い家具は引越しのたびに処分して、インテリアを一新します。新しい自分に合ったインテリアで過ごしたいからです。

新居に持っていくものも厳選します。**古いエネルギーのものはすべて処分し、「今の自分」の価値観に合ったもの、今大好きなものだけを残す**のです。

毎回ほとんどのものが入れ替わり、今の家には、最高のもの、大好きなものしかありません。

「もったいなくないですか？」と聞かれるのですが、不要なものや好きでないものに囲まれて、自分のエネルギーを落とすほうがもったいないと思うのです。

もちろん、リサイクルしたり人にあげたりして、有効活用できるように工夫しています。

古いものを手放すことで、フレッシュなエネルギーが入ってきます。そして、新しい「大好き」で自分を満たしてあげると、自分が生まれ変わったような気持ちになれます。

好きという感覚は、いつもワクワクした気持ちを作り、そのワクワクが周波数を上げて、天使との接点や新しい現実を創ってくれるのです。

「好き」がわからないときは、自分を休ませてあげる

もしかすると今あなたは、少し戸惑っているかもしれませんね。
「〝好き！〟を選べと言われても、何が好きかがわからないんだけど……」と。
でも、大げさに考えなくていいんです。
たとえば、あなたはショートケーキとチョコケーキのどっちが好きですか？
好きなアーティストや食べ物は？　好きな場所は？
こんなふうに気軽に「好き！」と思えることやものを選んでいけばいいのです。
そうやって考えると、好きってとてもわかりやすい感覚だと思いませんか？
また、好きなものがわからないと思っている人は、心と体が疲れ、感性が麻痺《まひ》し

ている状態かもしれません。だから、まずはゆっくり休んで、自分のホッとできることを少しずつやっていきましょう。

ワークショップで、「好きなことがわからないんです」という質問が出たとき、私は「今、何をしたいですか？」と聞くことにしています。

はじめは、ほとんどの方が「わかりません」と答えるのですが、もし時間があったら何をしたいのか聞いていくと、「休みたい」とおっしゃる方がとても多いのです。

だから、私は「だったら、休めばいいんです。休んじゃえ！」とすすめます。するとと「え〜、いいんですか⁉」と驚かれます。私は「もちろんですよ！」と答えます。

疲れているのにむりやり何かをしても、うまくいくはずがないし、楽しいはずもありません。でも私たちは、大切な自分に休むことも許していないのですね……。

でも、「好きを選べない自分」でもいいんですよ。今すぐ「好き」が選べなくても、全然いいんです。「わからない自分でいいじゃん！」と、自分に言ってあげましょう。それから、ゆっくり自分を休ませてくださいね。

その上で、小さな「好き」を積み重ねていけば、今、ここで幸せを感じることができます。

心と体の疲れがとれたら、必ずエネルギーがアップしていきます。そうすると、「好きセンサー」がまた活動し始めます。

ファッションは気分を上げて、周波数をアップさせてくれる

あなたは、普段のコーディネイトをどんなふうに決めていますか？

先ほどお話ししたように、大切なのは、「100％好き」で、着ていて心地よく、嬉しいと感じる服を選ぶこと。天使とつながるためには、「この服、好き！」「着ていると幸せ！」「これが私！」と思えるファッションを、自信をもって選んでください。天使は、そんなあなたに拍手を送って応援してくれます。

基本的には、白い服や、キラキラ光るアクセサリーなどが、天使のイメージに近いと思いますが、それにこだわりすぎる必要はありません。

洋服の色で、黒は、何ものにも染まらない強さや潔《いさぎよ》さを表す素敵な色だし、ブラウンも大地のパワーとリンクするすばらしい色です。また、グレーは高貴さやシャ

ープさを表現してくれます。**思い込みにとらわれたり、ブランドや流行などを気にしたりせず、「好き！」という感覚を信じてくださいね。**

もし自分のセンスに自信がなかったら、憧れの人や「この人、素敵！」と思う人を、真似てみましょう。「え、真似はダメでしょ!?」と言われることもあるのですが、まったく問題ないですよ。

「こんなふうになりたい」と憧れる人のファッションや立ち居振る舞いを真似ると、ウキウキして、その人と周波数が同調します。それを続けるとエネルギーが変わり、自分も相手のようになれるという法則があるのです。

でも、大事なことがあるので注意してくださいね。それは、「あの人は素敵だけど、私はダメ」という発想から始めないことです。「なりたい自分」になろうとして、「ダメな今の自分」を作り、憧れの相手に依存するのは本末転倒です。

真似るという行為は、本来「好き」からスタートしています。「キャー、素敵！」「私もこれが着たい！」というシンプルな感覚で続けていくうちに、あなたらしさが必ず加わります。それが、「本当のあなた」です！

水を扱うときは、周波数を上げるチャンス

私は、大天使ミカエルからよくメッセージを受け取ります。ミカエルが言うには、私たち人間にとって、「水」がとても大事なのだそうです。確かに、水は人間にとって、もっともなくてはならないものですね。食べ物がなくても数日は生きていけますが、水がなければ脱水症状になってしまいます。

きれいな天然の水を飲むことも、もちろん大切です。でも、同じくらい重要なことがあるとミカエルは言います。

それは、水を扱うときに、何を考えているかを意識することだそうです。

考えてみると、水に触れない日はありません。朝の洗顔や歯磨き、料理や洗い物、洗濯や掃除、入浴など、すべてにおいて水を使いますね。

これは私の感覚ですが、水を使うときに考えていることは、増幅されて、周囲に伝わりやすくなっているように思います。また、必ず自分自身にも影響を与えているはずです。なぜなら、水はバイブレーションを伝えやすいという性質があるからです。

だから、水を扱うときは周波数を上げるチャンスなのです。

嬉しいことや楽しいこと、「こうなりたいな、こんなものを引き寄せたいな」と思うことをイメージしながら洗い物をしたり、お風呂に入ったりすれば、その思いは何倍にもなって周囲に伝わっていきます。天使への願いごとを伝える絶好の機会にもなります。

お風呂に好きなアロマオイルを入れて、クラシック音楽をかけ、キャンドルの光を灯しながら、天使に思いを伝えるのもいいですね。私は、料理は苦手ですが洗い物が大好きなので、いつもごきげんで食後のキッチンに立っています。プールでいやなことを洗い流し、新しいパワーを呼び込むつもりで泳ぐのもおすすめです。

水と触れ合ういろんな場面で、ぜひ天使とつながるきっかけを作ってください。

眠る前のひとときに、今日一日の出来事をハグする

天使レイチェルが、眠る前の「儀式」を教えてくれました。それは、今日あった出来事、すべてにハグするというものです。

お布団に入ったら、その日一日の出来事を思い出して、イメージの中でひとつひとつのシーンにハグしましょう！　イメージするのがむずかしい場合は、一日の出来事を思い出して「ありがとう」と感謝するだけで大丈夫ですよ。

でも、悲しかったことや腹が立ったこと、不本意だったことにまでハグするのって、ちょっと抵抗がありますよね。そこで私は、少しアレンジしてみました。

自分が「いやだったな」と感じるシーンに登場した人を、イメージの中で笑顔に変えるのです。たぶん、相手はきっと、怖い顔や悲しい顔、あなたを不愉快にさせ

る顔をしているはずです。その顔を、思いきりにこやかな顔にしてしまいましょう。するると、自分自身の気持ちがまったく変わります。それまでは、ムッとしていたとしても、「まあ、しょうがないか」と思えてきます。そこで、「ありがとう」とハグするのです。

実は、これも天使が教えてくれたのですが、**私たちが眠っている間、昼間受けたエネルギーを天使がすべてクリアにしてくれている**のだそうです。そして、天使と私たちは、エネルギー交換をしたり、会話したりしているのだといいます。

そうやって、天使は私たちが寝ているときも働きかけてくれているのですが、この「儀式」をやってから寝ると、そのサポート力がグンと上がるそうです。

確かに、寝る前に儀式をやった翌朝は、目覚めがスッキリしていて、とてもさわやかな気分です。私自身のエネルギーも、「エー!?」と驚くくらいに違います。イメージは、本当に大きな力を持っているのですね。

意識がゆるんで天使とつながりやすくなっている就寝前は、天使に一日の感謝を伝えるのにもベストなタイミングです。このチャンスを上手に使っていきましょう。

自分に「YES！」して、天使とつながる

周波数を上げるために、ぜひ提案したいことがあります。
それは今の自分にOKを出すこと。「YES！」と言ってあげることです。
天使が何度も教えてくれているように、あなたは「今のまま」で完璧です。

たとえ「自分はダメだ」とがっかりしても、問題ありません！
「私なんて」と、自己卑下《ひげ》の気持ちが生まれてもいいんです！
退屈な毎日にうんざりしていても……それでOK！
どんなときでも、あなたは大丈夫。

だから、自分で自分に「YES！」と言ってあげてください。特に、落ちこんだときほど「YES！」は大事ですよ。「ああ、今日の私はついてない」という日こそ、自分に「YES！」。

そうそう、「YESできない自分」にも、「YES！」してくださいね。これ、とっても大切ですよ。

もちろん、私もいつも自分にイエスしています。

「やっちゃった！」とへこむこともあれば、「なんとかしなきゃ」と焦ることもありますが、「そんなときもある、ある！」とYESを出しています。大阪出身なので、「しゃーない。ええやん！」と笑い飛ばします。

なぜ、YESすることが大事なのか、わかりますか？

それは、今の自分を肯定することで、すべての変化が始まるからです。

そう、すべては「今ここにいる自分」から始まります。

その自分を否定していたら、絶対「なりたい自分」にはなれません。「自分なんて……」と堂々巡りを繰り返すだけで、そこから抜け出すのは時間がかかります。

だから、まずはじめに、自分自身に「YES！」して、今の自分を受け入れるのです。すると、新しい人生を作るためのスタートラインに立つことができます。

天使が、あなたに望んでいることは、とてもシンプルです。
それはあなたが、今の自分を認めて「あなた」を生きること。リラックスして、人生を楽しむこと。

天使は、いつもこんなふうに声をかけてくれます。

「深呼吸して、自然を感じて。もっともっと、ゆるんでいいんです」
「自分を認め、大切にしてください。すると、本当の自分に戻っていけます」

でも、誤解しないでくださいね。天使が言う「自分を大切にする」とは、自分を甘やかすことではありません。それは、「本音に従って、本当に自分がやりたいことをやること」です。
※本当の自分がどうあったら一番嬉しいのか。
※自分が心の底からやりたいことは何か。
この2つを、とことん見つめてみましょう。そして、実際の行動に移してみましょう。その行動が、自分自身を尊重し、「ありのまま」でいることにつながります。

でも、自分の本音を見つめるって、実はとても怖いですよね。

今までなんとなく見過ごしてきたことや、見なくていいようにフタをしてきた感情と向き合うことになりますから。

そんなとき、勇気をくれる「YES」があります。「覚悟のYES」です。

「覚悟のYES」とは、どんな結果が出てもいいから自分の気持ちを大切にすると決めること。覚悟をもって、自分の本音にイエスすることです。

「覚悟のYES」で、人生の大転換が起き始める

「覚悟」と言っても、眉間《みけん》にシワを寄せて深刻にならなくても、大丈夫なんです。

また、大げさなことを覚悟しなくてもいいんです。でも、きっぱりと「本当の自分を大事にしてあげる」と決めましょう。

たとえば、大好きな恋人がいたとして、その人と結婚したいと思っていたとします。でも、相手はいっこうにプロポーズしてくれない。本音を聞き出したいけど、「結婚する気がない」と言われるのが怖い……。

こんなシチュエーションがあったとしたら、あなたはどうしますか？

うわべの幸せを選んで、結婚には触れずつきあい続けることも、もちろんできるでしょう。そうすると、とりあえずは楽しい時間を過ごすことができますね。

でもそれでは、心の底にある「結婚したい」という本音は、いつまで経っても叶えられません。

いつも心のどこかで、「私は本当に愛されているのかな」「この人とズルズルつきあっていて、幸せになれるだろうか」と、不安や焦りを持ち続けなければなりません。また、自分が大事にされていない悲しみも、ずっとわだかまりとして残るでしょう。本当は幸せな結婚をしたいのに、これでは自分を大切にしているとは言えませんね。

だから、「本当の自分を大切にしてあげよう」と決め、覚悟のＹＥＳをするのです。勇気を出して彼の本心を聞いてみるのです。

本音でぶつかって、もし望まない結果が出たとしても、それでも完璧です。もちろんふられてしまったら、はじめは悲しいかもしれません。でも、自分の本心から行動したという事実は残ります。

自分の本音に従って行動するうちに、必ずライフパートナーと出会えます。本当のあなたが輝き出して、そのあなたにぴったりな相手が引き寄せられるからです。

本当の自分を大切にすると、パートナーを引き寄せる

実は、そうやって素敵なパートナーと巡りあえた人が、私のセミナーの卒業生にいます。

Aちゃんは、何年もつきあっていた彼と会社を立ち上げ、仕事もプライベートも

順調に過ごしていました。しかし彼は、いつまで経ってもプロポーズしてくれません。Aちゃんは悩みましたが、自分の本音を大事にしようと「覚悟のYES」をして、思いきって彼に結婚について聞いてみました。

彼の答えは「結婚する気はない」というショックなものでした。

彼のことが大好きだった彼女はとても傷つきましたが、こう思いました。

「私の本当に望んでいることは、パートナーと結婚して、ともに人生を生きることだ」と。それで彼と別れ、会社も辞めてしまいました。

恋人もビジネスも失ったAちゃんでしたが、なんと、その数か月後に新たな出会いがあったのです。今はその相手と結婚して、とても幸せに暮らしています。

要らないものを思いきって手放すと、本当に必要なものが自然な形でスッと引き寄せられる。その見本のような展開でした。

そのためには、まず自分自身の心をよく見てみてください。そして、そこにある気持ちや望みに気づいたら、それを無視せず大事にしてください。

それこそまさに、天使があなたに望んでいることなのです。

つらい道や、誰かのための道を歩くのはやめて、楽しみや喜びの道を選んでいきましょう。天使が、あなたの歩く道を教えてくれています。


「○○しなければならない」「○○でなければならない」と気負うことは、なにひとつありません。

のびのびと自由に考え、口に出し、行動してください。

ルールは、あなた自身なのですから。


あなたがたの歩むべき道は、茨《いばら》の道ではありません。

咲き誇る花々のある、光の道なのです。

バラの力を借りて、ＹＥＳできる自分になろう

悩みや心配事があって自分にＹＥＳできないときのために、天使がとっておきのワークを教えてくれました。オーラを浄化して、自分のエネルギーをクリアにする方法です。浄化の力をもっているバラをイメージしておこないます。

天使は、「バラは特別な花です」と言います。私たちに必要のないエネルギーを吸い取ってくれたり、空間のエネルギーを掃除して、美しくしてくれる力を持っているのだそうです。疲れたときにもおすすめです。ぜひ試してみてください！

★バラでエネルギーを浄化するワーク

①白いバラ（自分の好きな色のバラでも可）を1本用意する。
②バラを手に持ち、自分の前後左右に、順番にかざしていく（胸の高さでよい）。
③それぞれの位置で、バラがしぼむのをイメージする。このとき、不要なエネルギーをバラが吸い取ってくれていると想像する。
④イメージの中で、しぼんだバラに1本ずつ息をフッと吹きかけ、自分のオーラの外に吹き飛ばす。
⑤ ②〜④を何度か繰り返す。イメージでバラがしぼまなくなったら終了。

「今すぐ、エネルギーをクリアにしたい！」というときは、もっと簡単な方法もあります。バラを1本手に持って、魔法使いの杖みたいにクルクル回しながら、自分のまわりを浄化していくといいのです。

すると、オーラが見違えるようにきれいになります。とても楽しいので、「ちょっと元気が出ないな」というとき、ぜひやってみてください。家族やペットにもやってあげるといいですよ。

その後は、バラに「ありがとう！」と感謝して部屋に飾ってくださいね。

Chapter 3

本当の自分に戻れば、何があっても大丈夫！

どんなことが起きても、すべてパーフェクト

さあ、「今の自分」にYESして、あなたはこれから思い通りの毎日を生き始めます。そして、「本当の自分＝極上の自分」へと変わっていきます。

といっても……実際には日々いろいろなアクシデントが起こりますよね。

「あれ、これは望んでないんだけどな」「おや、思い通りになってないけど」という出来事を引き寄せることだってあります。

でも、天使はいつもこんな言葉を届けてくれます。

人生の川の流れは完璧です。

私たちが完璧であるように、人生で起こる出来事もすべてパーフェクト。

表面上はネガティブに見える出来事が起きたとしても、それさえも完璧だから、心配したり、自己否定したりする必要はありません。


何も怖《おそ》れることはありません。そのままで完璧ですから。


天使は、そう言います。

「本当かなあ」と、今は半信半疑かもしれませんね。

けれど、すべての出来事は、私たちにとって完璧だから起こります。どんな出来事も、宇宙の法則に適《かな》っているから起きているのです。

未来から見れば、「悪いこと」が「いいこと」に変わる

私も今まで、たくさんの経験をしてきました。振り返ってみると、当時は大変だと思ったことも「望み通りじゃない」と感じたことも、数え切れないほどあります。

でも今、心から思います。「ああ、ほんとにすべては完璧だった！」と。

そのときは、二度と立ち直れないくらいショックなこともあったけれど、その出来事があったからこそ、今の私があります。当時は、あり得ないと思った流れが、実は次のラッキーな展開につながっていたことも、一度や二度ではありません。

私は、10代の頃からたくさんの実験をして、自分の望むものを引き寄せてきました。自分の心（意志）が現実を創ると知っていたので、現実で何が起きていても、自分の内側にフォーカスするようにしてきました。

絶対無理と言われたファッションデザイナーにもなれると思っていたし、パリコレも必ず行けると思っていたので、その現実を引き寄せることができました。

その途中で「もうダメかも！」と思うことは、これでもかというくらいありました。でも、自分を信じて目の前のことを楽しんでいたら、起業して4年でパリコレに参加することができたのです。

だから、「川の流れは完璧です」という天使のメッセージは、私にはとてもよくわかります。

望みが叶わなかったり、一見ネガティブな出来事が起きたりすると、私たちは「悪いこと」ととらえがちです。でも、それは「今の時点」で判断しているから。過去・現在・未来という時間軸の中で見て、「これが起きたら、未来に悪いことが起きる」と思い込んでいるからです。

でも、その時間軸を外して、未来から「今」を見てみると、現実が持つ意味は、私たち次第でいくらでも変わります。実際に、その出来事が思わぬ幸運を呼び込んだり、すばらしい経験につながったりする可能性はいくらでもあります。

最近、私とパートナーのＦＵＭＩＴＯは、ヨーロッパ４カ国を巡る旅と、アメリカのロサンゼルスとセドナの旅に出ました。旅ではさまざまなエネルギーが浮き彫りになり、象徴的な出来事が起こります。そこで体験したことも、まさに「人生の川の流れは完璧」ということでした。

この章では、旅行先で起きた出来事を中心に、完璧な川の流れを楽しみながら、どんなときも天使を信頼し、本当の自分を生き始める方法をお話ししていきましょう。

なくしたカメラが教えてくれたこと

実は、3週間のヨーロッパ旅行で、パートナーのFUMITOは三度も忘れ物をしてしまいました。携帯、お土産物、そして……カメラです。

海外で落とし物や忘れ物が戻ってくる確率は決して高くありません。でも、結果的にすべて無事に戻ってきました。天使が護ってくれているなあと感じましたが、お話ししたいのは、「まずい！」と思ったとき、何ができるかについてです。

普段は、落とし物をしても返ってくるべきものであれば必ず戻ると思っているので、FUMITOも私もあまりあわてません。でも、さすがにカメラをなくしたとき、彼はすごく動揺して落ちこみました。

他のものなら、もし出てこなくてもあきらめがつきます。でも、FUMITOは

「光のフォトグラファー」として活動していますし、次の写真集の出版も予定されていて、カメラはかけがえのないものでした。

そのカメラがないと気づいたのは、楽しかった一日を終え、パリのホテルに戻ってすぐのときでした。FUMITOは「あ！　カメラがない！」と言うと、「やってしまった……」と深いため息をついて、そのままフリーズ。久しぶりに「どうしよう！」と、思いっきり焦っていました。

1時間ほどショックで固まっていましたが、その間に、「起きた出来事に感情が動くときは何かのサインだから、自分自身をよく見つめてみよう」と思い、いろんなことを感じたそうです。

FUMITOはまず、それまでシャッターを切ったシーンをひとつひとつ思い返しました。そして、その瞬間はいつも愛と感謝だけだったと感じ、「本当にこの旅では多くのことを学ばせてもらって、自分は愛の中にいるな」と実感したそうです。

同時に彼は、カメラを忘れてしまったことへの罪悪感や、大事な写真がもう見られないという喪失感にもしっかり向き合いました。

一言では言えないくらい、いろんな思いが湧いてきましたが、すべてを受け入れ、悲しさや後悔もじっくり感じたといいます。そして、その思いを深く深く感じきったとき、FUMITOは、こう思ったのだそうです。

「もういいや!! なるようになる!! この現実は、宇宙が見せてくれている世界だ。その世界で起きた出来事も、自分自身のことも受け入れて、ラクになろう!」

「どんな気分になりたいか」は、自分で選べる

その後、FUMITOは、明日どんな気分になりたいかを感じてみました。望んでいたのは、とても幸せで刺激に満ちていて、ワクワクした気分です。それで、心から笑顔で過ごせる一日をイメージして眠りにつきました(これは、私自身も何か心が動くことがあったときに、やっている方法です)。

翌日、カメラを置き忘れた場所で探してもらいましたが、やはり出てきませんでした。でもFUMITOは、今日を楽しむという現実を選ぶと言い、私たちは、スッキリ晴れやかな気分で次の目的地スペインに向かいました。

バルセロナのパワースポットですばらしい時間を過ごしていると、彼の携帯が鳴りました。それは、カメラが見つかったという連絡でした。

天使は、「現実は、あなたの意識の反映です」と教えてくれます。

その現実はいつも、「ポジティブ／ネガティブ／そしてニュートラル」の3つの側面を持っています。でも、**どんなことが起きても、自分自身で自分の気分を選ぶことができます。何が起きたかは関係ありません。自分がどうありたいか。それだけが大事です。**

カメラは戻ってきましたが、もし戻ってこなかったとしても、それでも完璧なのです。川の流れは、そして、起こることすべては、完璧なのですから。

彼に起こったこの出来事で、天使はそれを私に伝えたかったのかもしれないと思います。

#「矢印」は、いつも自分自身に向けよう

「起きる出来事は完璧！」と頭で思っていたとしても、実際、思わぬ事態に遭遇《そうぐう》すると、あわてたり混乱したりしますよね。ときには、自分を責めたり、人のせいにしてしまったりすることもあるかもしれません。

そんなネガティブな感情が湧いてくるのには、理由があります。

アクシデントやトラブルが起きたときに、私たちの意識が、外側の現実に「矢印」を向けてしまうからです。

「矢印を外側に向ける」とは、起きた出来事だけがすべてだと思い、その現実に反応してしまうこと。「やばい！」「大変だ！」と焦って浮き足立ってしまったり、表面に見えている部分だけでものごとを判断して、一喜一憂したりしてしまうことです。

そうすると、「今、ここ」の自分から心が離れて、思考がどんどん膨らんでいきます。

まだ起きていない未来を心配したり、過去を後悔したり……。

それで、「やっぱり私はダメだ」「悪いことばかり起こる」と決めつけて、よけいに自分を苦しめてしまうことになるのです。

「本当はどうしたいか」をいつも確認する

何が起きても、矢印は「自分自身」に向けていてください。

どうするかというと、自分の気持ち、内側を意識するのです。天使も、いつも自分の内側を見ることが大切だと教えます。

あなたが外側に向けている意識を、常に内側に向けてください。

そこは、どんなに美しく、広大なことか！

心の中がせまく暗いと感じているのは、自分がそれを選んでいるから。本当は、私たちの心はどんなときも美しく、広大なんですね。

天使は、私たちが現実を創造していくのを、いつでもサポートします。でも、どんな現実を創りたいかを自分自身がしっかりわかっていないと、手助けすることはできませんよね。

だから、自分にいつも矢印を向けて、「本当の自分はどうしたいのか」「どんな自分でありたいのか」を、とにかく確認するのです。そして、そこから自分の行動や思考を選んでいくのです。

不測の出来事が起きたときこそ、この作業が必要になります。

あなたは、どんな自分でいたいですか？
あなたがなりたいのは、いつも幸せで、夢をどんどん叶えていける自分ではありませんか？

そんな自分にフォーカスできたら、もう何が起きても平気です。

たとえ、自分の思いとは違う現実がやってきたとしても、その状況を受け入れて、選んだ現実へ向かって進んでいけます。あなたの発するバイブレーションが、望む現実を引き寄せるものに変わります。

体の感覚が、心を「今ここ」に戻してくれる

「でも実際にハプニングが起きたら、気が動転してしまいそう……」というときに、助けになる方法があります。

「体の感覚」を確かめて、あなたの内側へ意識を戻す方法です。

たとえば、何かの問題やもめごとが起きたとき、「なんとかしなければ」と思うと、思考はあちこちに飛んで「心ここにあらず」の状態になってしまいますね。

そして、まだ起きていない未来を心配して「本当の自分」から離れ、よけいに事態を複雑にしてしまいます。

だから、あえて「体」にフォーカスして、心を「今ここ」に戻すのです。

この方法は、将来が不安になったり、過去を後悔し始めたりして、思考がグルグ

ル回り始めたときにも使えます。

簡単で、しかも即効性がありますから、ぜひ試してみてくださいね。

「今のあなた」には、何も問題は起きていない

まず、「やばい。私、ピンチ！」という状況が起きたら、深呼吸をします。

そして深い呼吸をゆっくり繰り返しながら、自分の「体」を感じてみます。

もし座っているとしたら、イスに腰かけている感覚、暑いか寒いか、洋服の着心地、お腹の空き具合、鼻から出たり入ったりしている息など、ひとつひとつを感じていってください。

手、足、顔、肩などのパーツを、順番に感じていくのもいいかもしれません。

手や足の感覚、呼吸をじっくり感じてみたら、きっと気づくはず。

「あれ、今ここに存在する私には何もトラブル起きてないよね⁉」「さっきのランチおいしかったし、今日はいいお天気！」「気づかなかったけど、いい風が吹いてる～」

体は、どんなときも「今ここ」にいます。

外側の現実で何が起きていても、「今」の体にケガをしたような痛みが出るわけではないし、呼吸もちゃんとできているはずです。

その体に意識を向けてみると、心の中がどんなに動揺していても「今のあなた」には何のトラブルも起きていないことがわかるでしょう。

そこに気づくと、「私、大丈夫！」という感覚が戻ってくるのです。


そこで、「本当の自分」はどうしたいかを感じましょう。

「今ここ」では何も困ったことは起きていないのですから、「本当はどうしたい？」「どうなりたい？」と、意識の矢印を内側に向けましょう。もちろん天使も、あなたを護っていますから、そのことを思い出すためにも、今の体を感じてください。

すると、「私は護られている」という信頼感が湧いてきて、落ち着いた状態で、前向きな思考を組み立てることができます。

逆に、体の感覚を忘れてしまうと、思考が暴走してしまいます。

妄想が止まらなくなって、悪い方へ悪い方へと思考がひとり歩きしてしまうのです。そうなると、今度は体の方が心の影響を受けることになってしまいます。

プレッシャーを感じる状況になったとき、あれこれ考えすぎて胃が痛くなったり、不安になって食欲がなくなったりしたことはありませんか？　そんなときは、たいてい思考や感情に体が振りまわされています。

感情というのは、ただの「反応」にすぎないものもあります。

私たちの思い込みや思考が作っています。だから、今の体を感じて、思い込みや思考から離れることが大事だと、天使も教えてくれています。


先々のことは、「今ここ」にはないのです。

未来への不安や心配を、今ここで感じないでください。

今だけしかありません。

あなたがたが、今ここに存在するとき、無限の可能性が拡がっています。

あなたは、自分の意識で、自分の感情や思考を、そして現実を創っていけます。

そのことをいつも忘れずにいてくださいね。

望まない流れがやってきたとしても、すべてを信頼して「今ここ」にいれば、いつでも思い通りの現実を引き寄せるスタートラインに立てますから！

どんな現実も、最高に楽しめるプレゼント

起きた出来事から何を感じて、どんな体験にしていくかを決めるのは、自分自身です。「わ〜、これは望んでないんですけど！」と思う出来事も、とらえ方次第で最高に楽しめるプレゼントになります。

ヨーロッパ旅行は、そんな体験の連続でした。その中でも印象深いのが、イギリス最大の聖地とも言われるグラストンベリーを訪れたときのことです。

グラストンベリーは、「聖ミカエル・レイライン」と呼ばれる、イギリス各地を結んだエネルギーの通り道に位置します。また、聖マリアのエネルギーが通るレイライン「ローズライン」が通っていることでも知られます。「レイライン」とは、複数のパワースポットを直線状につなぐエネルギーラインのことです。

大天使ミカエルは男性性、聖マリアは女性性の象徴ですが、グラストンベリーは、2つのレイラインが交差し、そのエネルギーが統合される特別な聖地なのです。

そのグラストンベリーで、私たちは男性性と女性性、陰と陽、両方のエネルギーを体感することができたのです。

それを体験させてくれたのは、「天気」でした。

グラストンベリーの丘の頂上には、大天使ミカエルにちなんだ「聖ミカエルの塔」があります。塔までの距離は、徒歩20分くらい。真っ青な晴天の下、お日様の光を浴びて、私とFUMITOは気持ちいいエネルギーをたっぷり受けながら登っていきました。

青々とした芝生に覆《おお》われた丘の上からは、イギリスの田園風景が見渡せます。

晴れ渡った丘の上は、まさに天国！　すばらしいエネルギーを感じて、聖ミカエルの塔の近くで祈りを捧げ、さわやかな風を感じながら瞑想しました。

大天使ミカエルの塔で体験した2つのエネルギー

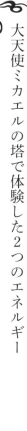

ところが、しばらくして目を開けると、不思議な光景が拡がっていました。

塔から左側の空だけ、真っ黒な雨雲がモクモクと広がっています。でも、私たちが登ってきた側の右半分は、相変わらず真っ青な空。塔を境に、定規で引いたように真っ二つに分かれていたのです。

「すごい景色だね！」と眺《なが》めていたら、風向きが変わり雨雲がどんどん増えて、雨がポツポツ降り出しました。あわてて丘を降り始めたのですが、すぐにスコールのような激しい雨に……。

風も強くなり、坂道を急ぎ足で降りる私たちは、あっという間にずぶ濡れです。

丘から麓までは、雨宿りするところもありません。上着から靴まで全身ビショビショになり、寒さで鳥肌も立ってきました。一刻も早く帰ろうと土砂降りの中を急ぐのですが、強い風と雨で前もよく見えません。

傘の代わりに上着を頭からかぶって小走りしながら、私とＦＵＭＩＴＯは、笑いながらこんな話をしました。

「寒い！　もう笑うしかないね！」

「ほんとにそうだよな～。この場で体験していることを受け入れるか！　きっと、この雨が止んだ後に、何か見えてくることがあるんだよ」
「そうだね！　なんだか、貴重な体験してるよね〜。ミカエルの塔で陰陽の正反対のエネルギーを感じて、しかも、それを体験できたってことだね！」

この体験も、ネガティブな視点から見れば、「せっかく聖地に行ったのに、雨に降られて最悪」ととらえることもできます。でも、どんなことも、起こるべくして起きていること。「これはポジティブ」「あれはネガティブ」と決めつけなければ、そこに込められたメッセージをきちんと受け取れます。

お天気を通して、女性性と男性性、陰と陽のエネルギーを体験し、私は天使からこんなふうにはっきりと言われている気がしました。

何が起きても、「いい・悪い」という判断は必要ありません。これからは、陰と陽（ネガティブとポジティブ）のどちらを体験するか、自分自身で選んでいけます。

自分が何を体験したいのか、その意志を明確にすれば、私たちは自分にその体験をプレゼントすることができます。どんな出来事からも、最高のメッセージを受け取ることができるのです。

「本当の自分」がやりたいことを選べば、その世界を生きられる

自分の意識がほしい現実を創るのだと実感した出来事がありました。

きっかけは、ロンドンで個人ガイドをしてくれたSさんのこんなアドバイスです。

「今パリは、本当に治安が悪いらしいの。テロも起きてるし、ストライキの予定もあるみたい。特にリヨン駅は、スリやひったくりが増えていて危ないって」

驚くようなシンクロで、なんとSさんは、私と同じ中学の出身だったので、これからパリに発つ私たちに、ガイドだけに伝わっている現地情報を、親切心で教えてくれたのでした。

ルルドに行く予定だった私たちは、ユーロスターに乗ってそのリヨン駅に着く予定だったので、一瞬「え⁉」と思いました。海外では、ただでさえ安全に気を配り

ます。その上、普段より状況が悪いとなると、やはり不安です。

「じゃあ、危ないからルルドはやめようか」と決めることもできました。「これも、天使のサインかもね」と。

でも、私は考えました。本当は私、どうしたいんだろう……。

そして、はっきり思ったのです。

「私は、ルルドに行きたい！　だって、何のためにこの旅行に来たかといえば、旅を楽しむためだよね。そう、私はこの旅を楽しむんだ。ルルドに行こう！」

もちろん、FUMITOも私に賛成してくれました。そして、私たちはロンドンからユーロスターに乗ってリヨン駅に行き、ルルドに向かったのでした。

すると、ルルドまでの道のりは本当にスムーズで、怖い体験や不愉快なことはまったくなかったのです。もちろん、テロにもストライキにも遭遇しませんでした。

それどころか、リヨン駅でも車内でも、とてもいい待遇を受けてスムーズに移動し、ユーロスターの車内では優雅に食事を楽しんで、楽しい時間を満喫しました。

そして、ルルドの泉でマリア様に祈りを捧げ、貴重な体験をすることができたのでした。

自分の「これをやりたい！」に素直になろう

あなたはもう、気づいているかもしれませんね。

天使が送ってくれたサインは、「危ないよ」ではなく、「本当に自分の好きなことを選ぶ？　どうする？」というメッセージだったのでした。

私は、「何があっても、好きなことやる！」と選択して、Chapter2でお話しした「覚悟のYES」をしました。どんな結果が出たとしても引き受ける覚悟で、自分の選びたい現実を選んだのです。

その結果、本当に快適に、自分のやりたいことが叶えられました。

そればかりではなく、ルルドにあるショップで買い物をした後、お店のおばさんがわざわざ追いかけてきて、貴重なイエス様とマリア様のカードセットをプレゼントしてもらうというおまけまでついてきたのです。

そのカードをもらったことは、旅行から帰ってすっかり忘れていたのですが、ルルドの後に行ったスペインで、カードの絵とほぼ同じ彫刻を見るというシンクロニシティも体験したのです。

ルルド行きは、「怖いけど、一度決めたことだから行くぞ！」とか「チケットがもったいないし」という理由で決めたわけではありません。もしそんな理由で決めていたとしたら、ビクビクしてとても旅行を楽しむどころではなかったと思います。

私は、怖れや不安にフォーカスしたのではなく、「ルルドに行きたい！」「楽しみたい！」という自分の想いを大事にし、それを意識しました。

世界レベルで大きな変化の波が起きている今、事件や災害など、「怖いこと」や「不安なこと」にフォーカスしてしまうこともあるでしょう。

でも、「楽しみたい！」「好きなことをやりたい！」という心の声に素直に従えば、これほどすばらしい時代もありません。だって、自分の意志でそう決めて行動すれば、その通りの現実が創れる時代がやってきているのですから。

特に**ショックなことが起きたとき、心が動揺したときほど、「本当の自分」はどうしたいのかを基準に行動するチャンス**です。日常にそんなチャンスがやってきたら「来た、来た！」と歓迎して、自分の内側をしっかり見つめてくださいね。

迷ったら、「私の守護天使なら、どうする？」と聞いてみる

今、世界は変化し、光のエネルギーのほうへ傾きつつあります。

明るいほう、楽しいこと、嬉しくなることを選んでいくと、人生がどんどん展開していく時代です。

だから今こそ、光にフォーカスすることがとても大事になっています。そして、そのために今すぐできることが、光の側面からものごとを見ることなのです。

光の側からものごとを見る力は、誰にでも備わっています。

その力に簡単にアクセスできる言葉を天使が教えてくれました。「どうしようかな」と迷ったとき、こんなふうに自分自身に聞いてみてください。

「こんなとき、私の守護天使だったらどうする？　何を選ぶ？」

私たちのツインズである守護天使は、光の存在そのものです。

だから、「私の守護天使だったら……」と考えてみると、一瞬で私たちを光の視点へと引き戻してくれるのです。

天使が繰り返し教えてくれるように、私たちは愛と光の存在です。

そんな私たちが、不安や心配、怖れからものごとを見るのは、本来の姿ではありません。

だから、ネガティブな側面からものごとを見ていると、とても苦しいですよね。

私たち本来のキラキラに輝くエネルギーも、どんどん収縮していきます。

いつもどんなときも、愛と光から見ることが、私たちのやるべきこと。そして本当は、それは楽にできることだし、とてもパワフルになれることなのです。

どんな感情も大切にして、とことん味わおう

これまでお話ししてきたように、私たちの現実は、自分のとらえ方ひとつでどんなふうにでも変わります。一番大切なことは、あなた自身がどうしたいのか、何を信じて生きていきたいのか、これ以外にありません。

でもね、それは決して、理想や夢ばかりを追いかけて、自分が本当に感じていることを無視することではないのです。また「なりたい自分」になるために、湧いてきた感情を否定することでもありません。これはぜひ、誤解しないでいただきたいと思います。

私たちには、喜怒哀楽というすばらしい感情のバリエーションがあります。その感情は、思いきり味わって楽しんでください。

悲しいことがあったら、遠慮なく泣きましょう。泣くって、いいですよね。心が癒されるし、古いエネルギーを浄化できます。悲しみやつらさを、涙がすべて洗い流してくれます。

いやなことがあったら、我慢せず怒ってもいいのです。

ひとりきりになったときに、「むかつく！」と言ってみたり、思っていることを紙に書き出したりして、あふれてくる思いを解放してくださいね。怒ることはよくないことと思われがちですが、実はそうではないんですよ。

怒るのはとてもパワーが要ることなので、何かに対して怒れるってパワフルだということ。調子がいいことの証拠でもあるのです。「自分の中にあるいろんな思いを爆発させられる私って、すごいじゃん！」と思いながら、怒ってくださいね。

もちろん、喜んだり笑ったり楽しんだりすることは、最高に素敵です。大きな口を開けて笑ったり、「やった〜！」と飛び上がって喜んだり、全身を使って、「嬉しい」「楽しい」を表現してください。

もちろん、心の中で嬉しさをジワッとかみしめたり、喜びをほっこり感じたりする時間も、人生を豊かにしてくれますよね。

あなたらしく、素直に嬉しさや楽しさを味わいましょう。

「悪い感情」は存在しない

でもあなたは、喜びや嬉しさなどポジティブな感情はいいけれど、不安や怒り、ねたみや嫉妬《しっと》を感じるのはよくないことと思っていませんか？

そして、ネガティブな感情が湧いてきたとき、「こんな感情は早く手放さなきゃ！」と考えてはいませんか？

しかし、自分の中にある感情を手放そうとすればするほど、そこにエネルギーを与えることになってしまうんです。だから、かえってその感情が大きくなってしまいます。

「悪い感情」は、何ひとつありません。どんな感情も、すばらしい経験を与えてくれます。

感情は、単なるエネルギーにすぎません。とことん感じきってしまえば、どんなに激しい感情もスッと消えていきます。それを抑え込んだり、見ないようにしたりするから、いつまでも心の中でくすぶってしまうのです。

感情は、自分自身の思い込みや観念が創っている場合もあります。「これはいい、あれは悪い」と判断する心が、私たちの中にはありますね。外の現実を見て判断するその心が、「嬉しい」「悲しい」などの感情を自動的に生んでいるのです。

ネガティブな感情が湧いてきても、それはあなた自身ではありません。ただ、出来事に反応して、その感情が表れただけです。

判断や批判は、あなた本来のエネルギーではないと天使は言います。

裁くことはしないでください。人に対しても、自分に対しても。存在を愛してください。あなたのまわりにあるすべての存在を。

悩みや苦しみのない人なんて、この世にはほとんどいません。

闇があるから、光があります。そして、光があれば、闇は必ずあります。ネガティブな感情が湧いてきたらジャッジせず、ただ味わえばいいのです。

「ああ、私の中にはこんな感情があったんだ！」とわかれば、それは、自分自身に気づくためのすごいチャンス。感情は、本当の自分に気づくためのナビゲーションシステムになるのです。

すべては完璧な流れの中で起きています。そのことを信頼してくださいね。

夢とは、「本当の自分を生きること」

ところであなたは、「夢を叶える」とはどんなことだと思いますか？

人からうらやましがられるような立場になることでしょうか。それとも、経済的に豊かになり、いつでもほしいものを買えるようになることでしょうか。

本当に、そうだと感じますか？ それらは全部、外側の現象にすぎません。うわべだけの「夢」を叶えたとしても、心がギスギスしていたり、人間関係でトラブルだらけだったりしたら、幸せとは言えませんよね。

夢を叶えた状態とは、「本当の自分を生きること」です。

天使に護られた愛と光であるあなたが、「これが私！」といつでも自分自身であることを表現できるようになることです。

そうなれば、やりたいと思ったことがスムーズに展開していきます。

がんばってほしいものを得ようとしなくても、引き寄せの法則が自然に働き、いつの間にか豊かになっていきます。ただそれを受け取っていけばいいのです。

それに気づかず、自分を否定してほしいものを引き寄せようとしているうちは、なかなかうまくいきません。本当はラッキーなことを引き寄せているのに、自分自身でそれをはね返し、受け取っていない場合もよくあります。

でも、「ありのままの自分」そして「本当の自分」を認めて生きられるようになると、まず楽になります。

ホッとしてエネルギーが拡張していきます。「あぁ、このままでいいんだ」と思えるのでリラックスできます。そこから、引き寄せが始まっていくのです。

「本当の自分」と言われて想像がつかなければ、こんなふうに考えてください。

「こうなったら嬉しいな！」「こんな感じの私が素敵だな」「本当はこれをやりたいな」……。それって、全部「本当のあなた」です。

「いえ、これは単なる憧れや理想だから！」「今の全然イケてない私が、そうなれるはずがないから」と拒否しないでくださいね。

叶えたい夢の「仮面」をはがしてみよう

あるとき「イメージできる夢は叶うと言うけど、私はずっと宝塚に入りたかったのに、年齢制限でもう受験すらできません。やっぱり夢は叶わないのでは？」という質問を受けました。

キャビンアテンダントやスポーツ選手など、年齢や身体条件の制限がある職業は他にもあります。だから、同じように思う人はいるかもしれませんね。

確かに表面的に見たら、その「夢」は叶わなかったかもしれません。

でもあなたの本当の夢は、必ず叶います。なぜなら、夢って「仮面」をかぶっていることが多いからです。

華やかな職業や立場だけに憧れて、それを夢だと思う人が多いのですが、実は、浮かんだイメージの表面や職業が表す「本質の部分」を見ることが大切なのです。

たとえば、あなたが宝塚に憧れていたとします。

もし無事に入れたとしたら、そこで何をやりたかったでしょうか。

「スポットライトを浴びて歌いたかった」「人前で踊って、拍手をもらいたかった」「豪華な衣装を着てみたかった」など、いろいろ出てくるでしょう。

本当は、それこそがあなたが叶えたかった夢なのです。

もし宝塚に入れていたとしても、脇役でスポットライトも当たらず、活躍するチャンスがなかったとしたら、それは夢が叶ったと言える状態ではないはずです。

本当に叶えたい夢は、「その状態で何をしたかったか」なのです。

本当にやりたかったことを始めるとシンクロが起き始める

夢の本質がわかったら、それをひとつずつ叶えていく方法を考えます。

歌や踊りのレッスンを始めてもいいし、今から入れそうな劇団を探してみるのもいいでしょう。宝塚の舞台衣装のようなゴージャスなファッションを楽しむ方法もあります。

そうやって、自分が本当にやりたかったことをやり始めると、おもしろいようにシンクロニシティが起き始めます。

エネルギーの周波数が上がるので、天使のエネルギーとつながりやすくなるのです。また、自分から行動を起こしていくことで、天使もあなたをサポートしやすくなります。

「大それた夢だ」とか「自分には無理」とあきらめるのは、とてももったいないことです。「これ、やってみたいな」「こんなふうになりたいな」と思ったこと、本当のあなたが望むことは、遠慮せずどんどんやっていきましょう。

天使も、私たち次第だと言っています。

何においても、決めるのはあなた。
選ぶのもあなた。すべては、あなた次第なのです。

今、時代のエネルギーは、私たちひとりひとりが、この人生でやりたいことをやるための後押しをするよう加速しています。

だから、大きな波に乗るように、あり得ないと思った望みも自分自身が叶えられる！と選び信じれば、必ず叶っていきますよ。

「今の自分」を一番大事にしたら、世界もあなたを一番大事にしてくれる

もしあなたが今、夢や好きなことがわからなかったとしても、大丈夫です。ひとつに決められなかったり、逆に、やる気が出なかったりしても、まったく問題ありません。

人間ですから、迷ったり疲れたりすることはあります。世界には楽しいことがたくさんあるのですから、やりたいことをひとつに決められなくても当然です。

そんな自分を、まず許してあげてください。

今の自分が受け入れられないのに、「本当の自分」や夢がわかるはずがありませんよね。「今の自分をいいと思えない自分」「今の現実から逃げ出したい自分」でもいいのです。そんな自分にもＹＥＳしてあげてください。

ただ素直に「今の自分」を世界で一番優先して、世界で一番大事にしましょう。これは、しっかり心に留めて、自分のために実践してくださいね。

そうしたら、世界があなたを最優先し、もっとも大事にしてくれるようになります。繰り返しになりますが、とにかくまず「今」を認めて楽になることが、願いを引き寄せるための第一歩です。

重いヨロイを脱いで、仮面を外した、ありのままの自然な自分にYESしましょう。そうしたら、ものすごい勢いで世界は変わっていきます。

YESの四段活用は、パワフルな自分になれる魔法の杖

でも長い間、私たちは自分を認めることをせずに生きてきました。だから実際には、気持ちを切り換えるのがむずかしい場合もあるかもしれませんね。

そんなときのために、YESの四段活用を創りました。

この四段活用をマスターすれば、もう心配ありません。どんなときでも、今の自

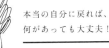

分にYESして、本当の自分がどうしたいのかに気づけます。「私ってやっぱり……」と思い始めたときに、サッと光の側面に戻れます。

四段活用といっても、学校の勉強のようにむずかしくないので安心してください。これは、天使につながって「私、大丈夫！」と思えるための魔法の杖のようなもの。どんな場面でも使えるから、まず基本を覚えてくださいね。

☆YESの四段活用

①自分をフラットな状態に戻すYES

どんな出来事が起きても、どんな自分でも、まずは肯定して受け入れます。判断や批判、自己否定、不安や心配などがあっても、それが今の自分なんです。だから、「それでもしょうがない、私は私だ、大丈夫」という気持ちで、「今の自分」にYESを言ってください。

②本来のエネルギーを取り戻すYES

①でしっかり「今のありのままの自分」にYESしたら、次はもう一度、自分の存在そのものにYESを出します。「こんな私でもいろいろがんばってきたよね」「私は私なりに、できることもある！」と、とにかくYESしまくります。

もし、そう思えなかったら、①に戻りましょう。あなたは天使の分身であるツインズです。だから、守護天使にYESするつもりで、自分自身を肯定してくださいね。

次に、息を吸いながら、バラバラに散っていたエネルギーが、自分の体に戻ってくるのをイメージします。無数の光（エネルギー）が、体をめがけて高速で戻ってきて、自分自身がパワフルなエネルギーで満ちていくイメージです。その後、息を吐きながら、そのエネルギーが体中にゆっくり浸透していくのを感じてください。

このときあなたは、低い周波数から抜け出し、天使とつながれるようなエネルギーの高まりを感じることでしょう。

③本当はどうなりたいかを自分に聞く

エネルギーが戻ってきたら、自分自身に次の質問をしてください。

「それで、本当はどうしたいの？」「本当は、どんな自分になりたいの？」するると、自分の内側に意識が向かいます。そして、普段は心の奥にしまっていた本当の自分の声、本心が湧き上がってきます。その湧き上がってきた思いにYESして、それが実現したイメージを膨らませて、自由に楽しんでください。

あなたが実現したいことには、何の制限もありません。どのような思いが湧いてきてもOKです。否定せず、ありのままの思いをただ受け止めて、心ゆくまでイメージしてください。

④イメージを現実化する

十分にイメージを楽しんだら、「これ、いける気がする！」と自分に言いましょう。実際に言ってもいいし、心の中で思うだけでも大丈夫です。そのワクワクした感じをたっぷり味わって宣言することがポイントです。すると、エネルギーのスイッチがカチッと入り、現実化に向けてあらゆることが動き始めます。

少し練習してみましょう！

たとえば、あなたが今の仕事を辞めたいと思っていたとします。そのときは、こんなふうにYESしていってください。

①仕事を辞めたいと思っている自分にYESする

「もうこんなつらい仕事は辞めてしまいたい」「いい仲間や上司がほしい」「もっとクリエイティブな仕事をしたい」など、思っていることを判断したり否定したりせず、すべてそのまま肯定してください。

②自分自身にYESする

「今の職場で我慢できず、転職したいと思っている自分はダメだ」「ひとつの仕事さえつとまらない私なんて何もできない」。そんな思いが浮かんできても、そのまま、ありのままを受け入れます。どんな思いも、考えも、「悪いこと」ではありません。ただそのままを受け入れていいんです。

たとえ今は望むような毎日が過ごせていなくても、あなたがすばらしい存在であることに変わりはありません。あなたの存在自体にYESしてください。

③どんな仕事をしていたいかイメージする

「本当はどんな職場がいい？」「どんな仕事がしたい？」と、自分に聞いてください。

「素敵な上司がいて、明るい雰囲気の職場」がいいと思ったら、「そんな職場だったらどうする？」と、その職場とそこにいる自分を思い浮かべて楽しみます。

もし、昔からやりたい仕事があったとしたら、その仕事をしている自分を想像して、実際に仕事をしている気分になってみます。心の中で思うだけなので、誰に遠慮することもありません。また、想像するだけでそれはグッと現実に近づいてきます。イマジネーションを使って、思いきり自由に遊んでください。

④イメージを膨らませ、現実化のスイッチを入れる

③まで進むと、いい気分になって、あなた本来のエネルギーがどんどん戻ってくるはずです。そこで、「これ、いける気がする！」と宣言してください。そして、小さなことからでいいので「やりたいな」と思ったことを実践していきましょう。

必ず現実が変わってきます。

このYESの四段活用は、本当にパワフルな魔法です。

これを行って結婚した人や新しい仕事に就いた人など、本当の自分に戻って望むことを現実化した人がたくさんいます。

イマジネーションが強力に作用して、「今の自分」を認めた上で「本当の自分」へシフトできるので、自分が変わったことにより、現実も変わるというミラクルを体験できます。

「絶対、夢を叶える！」と力んでやるのではなく、「天使が応援してくれるから、私にもベストな現実が創れる♪」と、気軽にやってみることが成功のポイントです。

たとえば、「こんな自分ではいけない」「どうしてうまくいかないんだろう」と落ちこんだときも、そんな自分にYESして四段活用をやってみると、力が抜けて、気分が楽になってきます。ぜひ、繰り返し実践してくださいね。

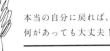

今「自分が本当にやりたいこと」を選ぶタイミング

本当の自分がやりたいことをどうやって選べばいいか、私の例をお話ししますね。

私は今、「ボディメイク」に取り組んでいます。

専門コーチに指導してもらい、ジムに通ってエクササイズをしたり、糖質制限の食事法を取り入れたりする本格的なプログラムです。

このボディメイクを始めるのは、私にとって大チャレンジ、一大決心でした。

なんといっても、私は超がつく運動嫌い。そして、大のおいしいもの好き、炭水化物好きだったからです。特に、体育は苦手だったので、運動部に所属したこともなければ、自分から体を動かそうと思ったことも一度もありません。

そんな私が、なぜエクササイズや食事制限に取り組もうと思ったかというと、ヨーロッパ旅行がきっかけでした。

旅行中、私たちは、モンサンミッシェルやルルド、グラストンベリーの他にも、たくさんのすばらしい聖地を訪れました。

聖地の多くは自然の中にあり、散策するだけで体力を使います。脚力も必要です。FUMITOは、忍者のようにスイスイ歩いていくのですが、私の足取りは重く、すぐ疲れてしまいました。FUMITOが見かねて手を引いてくれたり、背中を押したりしてくれたほどです（笑）。

アクティブになる旅行先では、普段の運動不足がはっきりと現れるのですね。

それで、つくづく思ったのです。もっと軽快に動けるようになりたい！　世界中を楽々と旅して歩きたい！

帰国してすぐに情報を集め、ピンときたプログラムを受講することに決めました。

私が「私」であり続けるために選択する

ところが、それは数カ月間しっかりエクササイズして、糖質制限の食事に取り組むプログラム。炭水化物好きの私にとっては、かなりのチャレンジです。

申し込むまでは、どうしようか悩みました。でも思ったのです。「本当の私」はどうしたいのかと。

本当の私は、世界中を旅して楽しみたい！

行ったことのない場所を訪れて、そこで感じたエネルギーをみんなに伝えたい！

それが、心の中から聞こえてきた声でした。でも、世界の聖地やエネルギーの高い場所は、たいてい山の上や行きにくい場所にあり、今の私では不安です。

そうであれば、目の前の「食べたい」を我慢することはできるはず。エクササイズもがんばれるはず。私はそう考えました。

自分が本来の自分自身でいるために、何を食べ、何を着て、何をやるか……。「本当の自分」を基準にして、選び続けましょう。

一番やりたいことは何か。私が「私」であり続けるために、ただ、本当に好きなことを選んでいく。自分自身を大切にする。

本当に大事なのは、それだけなんです。

だからといって、今の自分を否定するわけではありません。でも、自分が自分自身であり続けるためには、迷わず「変わる」という選択をしたほうがいいときもあるのです。

エクササイズと食事法に取り組んで、私の体は激変しました。

体型や体重も変わり、会う人ごとに「感じが全然違う！」「別人みたい！」と驚かれます。

でも、それよりも嬉しい変化は、体が本当に軽やかで、自分自身で感じるエネルギーが全然違うことです。そして、本当の私の声を聞いて体創りをしているという充実感があることです。とても気持ちがいいんです。

ときには、人生を俯瞰《ふかん》してみよう

たとえ、「本当の自分」の思いに気づいていたとしても、見て見ぬふりをして、取り繕《つくろ》うことなんて、実は簡単なんです。

自分自身に向き合うことのほうが大変ですし、エネルギーも使います。

今、気分を紛《まぎ》らわせて、心の声を聞かないようにする方法はいくらでもありますね。友だちとおしゃべりしたり、ネットやテレビ、映画などを観たり、買い物や、おいしいものを食べたり……。そうすれば、自分の本心をスルーすることはできるでしょう。

もしかすると、今までそうやってきたという人も多いかもしれませんね。

もちろん、起こることは完璧だから、過去はそれでいいのです。

でも今、本当の自分を生きる最大のチャンスがきています。

すべての人が、自分の生き方を決めて、本当の自分を表現していく時代が始まっています。だから、安心して自分の心の声を聞いてあげてくださいね。

もし、自分の本音がわからないという人は、さっきお話ししたように、まず体と心をゆっくり休めること。そして、自分を喜ばせてあげること。

そしてもうひとつ、時間を取って、自分の人生を俯瞰して見てみることをおすすめします。

私も、一時的に見たら、体調不良で困っていたわけでもないし、すごく痩《やせ》せたいと思っていたわけでもありません。

でも、人生を俯瞰したとき、これからいろいろな場所を旅行するのに、思いきり気分よく楽しんで、聖地をたくさんまわりたい！と思ったからです。

Chapter2で紹介したAちゃんも、同じです。今だけを見れば、パートナーとの関係とビジネスの両方がそれなりにうまくいっていたので問題はありませんでした。

でも、俯瞰した視点で見てみたとき、人生をともに生きていくパートナーがほしいという願いがあったから、一時的な精神的、経済的安定よりも、自分の心の声を優先したのです。

だからあなたも、もし今心のどこかに違和感があったとしたら、自分とじっくり向き合ってみてください。

そして、自分がどんな人生を送りたいか、誰と過ごし、どんなことで笑い、何を表現していきたいのかを感じてみてください。

何を感じても、どう思っても、自由です。何の制限もありません。

守護天使が寄り添って、そんなあなたに、いつもエールを送っています。

あなたの中の光を見つけてください。
今は小さく光っているだけかもしれません。
あなたの中の光は、今後まばゆいばかりに輝くでしょう。
あなたがたはもともと、光の存在なのですから。

どんな暗闇にいても、光は存在します。
自分の中の光を信頼しましょう。

Chapter 4

極上の自分を思いきり楽しめば、夢は叶う

地球という遊園地で思いきり遊ぼう！

天使と一緒に、この地球にやってきたあなたは、いったい何をするために、この星に降り立ったと思いますか？

もちろん、極上の自分を生きるため……ですね！

そのために忘れてはならないことがあると、天使は言います。

それは、「楽しむこと」です。そう、私たちは、この地球で生きることを楽しむために生まれてきました。

ちょっとここで、イメージで遊んでみましょう。

ある日、あなたはとてつもなく楽しい遊園地にやって来ました。

とても広くて、おもしろいアトラクションがたくさんある遊園地です。もちろん、園内は自由に移動していいし、どこでも遊び放題です。

でも、あまりにもアトラクションが多すぎて、とても全部はまわりきれません。

そこであなたは、案内版を見ます。遊園地には2つのエリアがありました。

「楽しいアトラクションエリア」と「楽しくないアトラクションエリア」です。

あなたは、どっちを選びますか？

「楽しいエリア」と「楽しくないエリア」、どっちを選ぶ？

もちろん、選ぶのは楽しい方ですよね！

もし間違って「楽しくないエリア」にいたとしたら、何に乗ってもおもしろくないですね。遊園地に遊びに来たことも忘れ、「自分は何をしているのだろう」と、ベンチに座って肩を落とし、考え込んでしまっているかもしれません。

でも、「楽しいエリア」に移動したら、どんなアトラクションも最高におもしろくて、ごきげんになれます。少しくらいスリルがあるアトラクションでも、そのドキドキ感を楽しんでしまえます。

あまりに楽しいので、近くにいる人たちにも声をかけて、一緒に遊び始め、ますます盛り上がっていきます。そのうち、たくさん仲間ができて、楽しさがどんどん膨らんでいき、最高にすばらしい時間を過ごすことができます。

ここで、現実の人生に戻ってみましょう。

今あなたは、「楽しいエリア」にいますか？

それとも、あなたがいるのは「楽しくないエリア」でしょうか。

もし、「あれ、今私がいるのは、楽しくないエリアかも！」と感じたら、迷わず「楽しいエリア」に移動してください。「私は、楽しいエリアに行く！」と決めるだけでOKです。本当は、いつでも私たちは「楽しいエリア」にいます。ただ、それに気づいていないだけなのです。

あるとき、天使はこんなメッセージをくれました。

あなたがたは、すでにそこにいるのです。幸せの楽園に。

あなたがたが「今」に存在するとき、そこは幸せの楽園です。

あなたがたは、そのままで十分すばらしく完結した存在なのですから、どこかへ行こうとしたり、幸せを探そうとしたりせず、そのままで「今」に存在してください。それを選んでください。

足りないものを探さなくても「今ここ」に十分あるのです。

「幸せの楽園」である地球遊園地は、とても楽しいところです。「楽しもう！」と決めれば天使が動き出し、「この世界は楽しいよ！」とサインを送ってくれます。あとは、この本で学んだことを生かしていけば、舞台装置が変わるようにあなたの見ている風景は変わるでしょう。

でも、この遊園地には閉園時間があります。「もっと遊んでおけばよかった」と後悔しないように、今すぐ「楽しいエリア」にいることを選んでくださいね。

思い込みを外すと、どんどん自由になれる

「楽しいエリア」を選ぶと、天使とのつながりが強くなり、私たちのエネルギーはどんどん拡がっていきます。

そして、クリアで軽やかな天使のエネルギーと共鳴して、今まで自分がとてもちっぽけなことで悩んでいたのだとわかります。あなたは、きっと「なあんだ」と笑い出したくなるでしょう。天使と同じバイブレーションになって、エネルギーが軽くなり、どんどん拡がっていくので、そんな変化が起きるのです。

地球のエネルギー自体も、今すごい勢いで上がっています。その流れに乗って、私たちも軽やかになっていきましょう。

今まで、私たちを縛《しば》りつけていたのは、何だと思いますか？

それは、「こうあらねばならない」「こんなふうに生きなければならない」という古い思い込みです。それが重りのように私たちを縛りつけ、自由に生きることを邪魔していました。本当の自分に必要のない思い込みは、不協和音となって身近なところに現れているはずです。

もしあなたが今、「こんなはずじゃない」と思っている状況にいたり、仕事や人間関係で不調和が起きていたとしたら、その状況が、本当の自分になじまない思い込みがあると教えてくれています。

望まない状況がギフトをくれる

たとえば、「自分は誰からも愛されない」と思い込んでいる人は、周囲と距離を感じて寂しい思いをしているかもしれません。また、「努力しないと成功できない」と思っている人は、一生懸命努力してやっと成功するというストーリーを生きることになるでしょう。

でも、そんな現実はすべて、今まで誰かから教え込まれた観念や思考、思い込みが作っているものにすぎません。その思い込みを手放すことで、状況がガラッと変わります。

友人のMちゃんの例をご紹介しましょう。

Mちゃんは、小さい頃に父親が家族を捨てて家出し、お母さんが苦労して育ててくれました。成人してそのお母さんが亡くなった後、父親がひょっこり家に戻ってきたのだそうです。

相変わらず身勝手で、問題ばかり起こす父親でした。親を見捨ててはいけないと、Mちゃんは懸命に面倒を見たそうですが、勝手な行動に振りまわされて、つらい日が続いていました。

相談を受けたとき、私は「もう十分つくしたのだから、お父さんとは縁を切ってもいいのでは？」とアドバイスしました。そして、「この状況は自分が変わるためのギフトで、ひとつの大きなチャンスだから！」と伝えました。

それでも、Mちゃんは「子どもである私がなんとかしなきゃ」と、父親の世話を続けました。

しかし、それから1年半かかってようやく、父親との縁を切ることを自分に許せたのです。最終的に、Mちゃんは思ったそうです。

「ここで決断しなければ、ずっとこのままだ。親の面倒は子どもが見なければという思い込みを捨てよう」と。それがMちゃんの「本当の自分」の声でした。

その決断をしたとたん、Mちゃんの世界はスパッと変わりました。

父親の面倒を見てくれる施設が見つかり、彼が起こしていた問題もすんなり解決して、心配事が何もなくなったそうなのです。

それだけではありません。なんと、Mちゃんは何年も前に離婚してずっとシングルだったのですが、新しいパートナーまでできたのでした。

「実は、父親との関係を切ることが、自分が一番したかったことだった。でもそれはやってはいけないと思っていた。」と、後でMちゃんは教えてくれました。振り返ると、私が「この状況はギフト」と言った意味がよくわかるとのことでした。

親との関係を切ることは、一般的に見たら疑問に思われる場合もあるかもしれません。でも、宇宙の視点から見れば、ひとつの行為に対して「いい・悪い」の判断は存在しません。もちろん、天使もジャッジすることはありません。

これまでお話ししているように、どんなものごとにもポジティブな面もあれば、ネガティブな面もあります。「いい・悪い」を判断しているのは、私たち人間の都合なのです。

ひとつの思い込みを手放すと、嬉しい連鎖反応が起きる

実は、ひとつの思い込みを手放すと、次の思い込みが見つかって、また手放せるという連鎖が起こっていきます。

Mちゃんも、父親との問題を抱えているときに、今のパートナーからアプローチされていたのですが、「この歳になって恋愛なんて考えられない」と思い込んで尻込みしていたのです。

でも、親との関係についての思い込みを手放したことで、恋愛に対する思い込み

もスッと手放せ、彼との関係を育めたのでした。

「自分はこんな思い込みを持っているんだな」と気づけば、いつか必ず手放せます。そのとき、「変な思い込みを持っているからダメだ」とか「思い込みを手放せない自分は不幸だ」とジャッジしないでくださいね。

タイミングがくれば、必ずその思い込みから自由になるときがきますから。

天使は、どんなときもあなたを信頼しています。同じように、あなたも自分自身をいつも信頼し、尊重してください。

どんなことにも意味はないのです。意味をつけるのは、あなたがたです。あふれる想像力を使って、出来事に意味をつけ、楽しんでください。

こんなふうに天使は教えてくれています。

確かに、私たちってすごい想像力を持っていますよね！

「これって、幸せを引き寄せるためにどんな意味を持っているのかな？」と考えて、毎日の出来事を楽しんでいきましょう。

本当の自分に気づくための「エンジェル・ブレス」

「疲れたな」と思うとき、「今の自分でいいのかな」と感じるときには、特別に時間を取って、自分がどんな思い込みを持っているのか、本当の自分は何を望んでいるのかを感じてみましょう。

でも、深刻に考え込んだり、「どうしても思い込みを手放さなきゃ」と必死になったりするのは禁物です。Chapter3でお話ししたように、天使の視点、光の視点から見ることを忘れないでください。

光の側面から見るか、それとも否定的な側面から見て自分をジャッジするかでは、住む世界が変わるくらい大きな違いがあります。光の側面を見ることは、この上ない幸せや喜びにつながります。

天使とつながって幸せな気持ちを感じられれば、心の奥にしまっていた「本当の自分」が顔を出します。愛そのものを感じて涙があふれ、今ここにいるだけで幸せなんだと気づけます。

とても手軽に、その幸せな気持ちを感じられる方法を天使が教えてくれたので、ご紹介しますね。

☆エンジェル・ブレス

①花束を用意する。小さくてもいいので、なるべくいきいきした花束を選ぶ。
②花束をしばらく見つめ、「かわいいね、きれいだね、ありがとう」などと声に出して、自分の感覚で自由に花たちに語りかける。
③しばらくしたら目を閉じて、花束に顔を埋めるようにして、息を吸う。
④花束の中に顔を埋めたまま、3回深く呼吸をし、花の生命力や、優しいエネルギーを十分に感じる。

実際にやっていただくとわかるのですが、花たちのエネルギーとともに、天使のやわらかい息を感じるはずです。

そして、すごくリラックスして優しい気持ちになり、あなたのバイブレーションが癒され、エネルギーが高まります。

「天使の息」が今ひとつ感じられないなと思ったら、花びらが頬《ほお》にあたる感覚を感じてくださいね。きっと、心地よい天使の波動が感じられるはずでしょう。

シンクロを「当たり前」にする方法

この世界は、シンクロで成り立っている。そう言っていいくらい、シンクロニシティは日常的に起きています。でも、日々のストレスや自分自身の感情に振りまわされていて、私たちがそれをなかなかキャッチできないだけなのです。

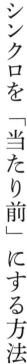

思い込みを手放し、肩の力を抜いて、軽いエネルギーになっていくと、いたるところにシンクロがあることがわかります。また、天使とつながって、本当の自分を生き始めると、シンクロニシティがひんぱんに起こるようになります。

シンクロというと、ビックリするような巡り合わせや、奇跡のようにラッキーなことを指すと思いがちですが、そればかりではありません。同じ出来事に何度も遭遇する、同じ言葉やゾロ目を見るなどの、ささやかな偶然の一致も、あなたにメッセージを伝える大切なシンクロです。

シンクロをキャッチしようと思ったら、もちろん天使を信頼すること。そして、リラックスして自分の感覚に正直になることです。

現実をコントロールせず、流れに乗る

最近、おもしろいことがありました。

ある打ち合わせで、ホテルの21階にあるラウンジを指定されたのです。

その日、なんとなくそのホテルの1階にあるティーサロンに入った私は、「あれ、今日の打ち合わせ、ここだったかな!?」と不安になり、スケジュール帳を確認しました。

すると、21階と書いてあったので、「あ、やっちゃった！」と思いましたが、そのままお茶を飲むことにしました。

せっかく入ったのだし、打ち合わせまでまだ時間があったので、ゆっくりティーブレイクしようと思ったのです。

でもしばらくすると、お店に打ち合わせの相手が入ってきました。「あれ⁉ LICAさん、どうしてここに⁉」と驚いていましたが、私もびっくりです。聞いてみると、ラウンジは満席だったので、このティーサロンに移動してきたとのことでした。

先日は、洋服を創るための探し物で渋谷に行こうとしていたのに、なぜか新宿で電車を降りてしまうという勘違いもありました。

「なんで⁉」と自分でも戸惑いましたが、これも天使のサインかもと、新宿の駅ビルで探したところ、すぐに目当てのものが見つかりました。渋谷でも、時間がかかるだろうと思っていたので、とてもラッキーでした。

それにしても、渋谷と新宿を間違うなんて、どれだけボーッとしてるんだろうと自分でもあきれましたが、こんなふうに、流れに乗ってみることもシンクロをキャッチする秘訣なのです。

今は、このように毎日いろんなシンクロが起き、いちいち覚えていられないほどです。状況がすんなり整うので、本当に感謝しかありません。

でも、もちろんすべてが叶うわけではありません。なかには「こんなふうになるといいなあ」と思っても、希望通りにいかないこともあります。

たとえば、新しいセミナーをやるために会場を探しても、なかなかぴったりの場所に巡りあわないことがたまにあります。「ここ、素敵！」と思っても空いていなかったり、何件見てもピンとこなかったり……。

そんなときは、「今はまだタイミングじゃないんだな」と、いったん探すのをやめてみます。すると、数週間、あるいは数カ月経った頃に、「あ、ここ！」という会場に偶然出会うことがあるのです。

そのタイミングで開催すると、それまでにいろいろな展開が起きているので、前にやろうとしていたときよりも、ずっと深く、新しい情報をお伝えすることができます。

思い通りにことが運ばないときは、まだベストなタイミングがきていないということ。だから執着せず、いったん手放すといいですよ。

そうやって、宇宙を信頼してまかせていたら、必ず起こるべきときに望んでいたことが起こります。

私は、叶えたいことがあっても無理にコントロールせず、宇宙にまかせているので、とっても気楽です。

ただひとつ、とても大事にしているのは、現実に起こっている出来事の流れと自分の内側をしっかり意識することです。

起きることを判断したり、コントロールしようとしたりするのではなく、「自分がどうしたいのか」に、私はいつも意識を向けています。そして、自分の気持ちを最優先して、川の流れを信頼します。

それが、シンクロの波に上手に乗る方法なのです。

衝動にかられると、願いが叶い出す

自分の気持ちを最優先するには、丁寧に心の声を聞き、それを行動に移す必要があります。Chapter2で、「100%好き」で買い物をするというお話をしました。

さらに自分を大切にしていく方法が、その時々で湧いてきたいろんな衝動をしっかり叶えてあげることです。私はよく、「みなさん、衝動にかられてくださいね」と言います（笑）。はじめは、手間暇が少しかかるかもしれませんが、とても大事なことです。

考えてみてください。普段、私たちはどれだけ自分を後まわしにしているでしょう。どれだけ、自分に我慢をさせているでしょう。改めて日常を振り返ってみると、自分を喜ばせることをいかにしていないかが、わかるはずです。

衝動にかられると言っても、急に海外に移住したり、仕事を変えたりするような大きなことでなくてもいいんです（そんなチャレンジも素敵ですけど！）。

たとえば、衝動的においしいお蕎麦を食べたくなったとします。

時間もないし面倒だし……と、今までは近所のお蕎麦屋さんで済ませていたかもしれません。でも、その衝動を叶えるために、おいしいと評判のお蕎麦屋さんを一生懸命探し、あれこれと吟味して「ここだ！」というお店を見つけます。そして、時間を作って、自分自身のために、わざわざそのお店に行くのです。

最高の気分が、最高の現実を引き寄せる

もしかしてそこは、普通のお蕎麦屋さんよりずっと高いかもしれません。車で2時間かかる場所にあるかもしれません。

それでも、大切な自分に、そのおいしいお蕎麦を食べさせてあげましょう。すると、そのお蕎麦を食べたとき、ものすごく幸せを感じるでしょう。それは、お蕎麦

一杯かもしれません。でも、最高の満足感を味わえるはずです。

その「わあ、最高！」を日常で細かく選んで感じていくと、そのうち、わざわざ手間暇かけてお蕎麦を食べに行く必要がなくなります。

町を歩いていてフラッと入ったお店でお蕎麦を食べたら、最高の味だったり、おいしいお蕎麦をお土産でもらったりするようになるのです。

これは、決して不思議なことではありません。**最高の気分が日常になると、その気分に最高の現実が引き寄せられてくるのです。**

でもときには、わざわざ出かけていったお蕎麦屋さんが「はずれ」だった、ということもあるかもしれません。そんなとき、「損しちゃった。がっかり！」と落胆《らくたん》したり、「せっかく来たのに、ついてない」と怒ったりするよりも、自分のために動けた自分に、ＹＥＳですね！

たとえば、ずっとやりたかったプロジェクトをまかされて、はりきって一生懸命やったのに、思ったような成果が出なかったとします。そうしたら、「私の力不足だ」「運がない」と落ちこんでしまうかもしれません。でも、どんな経験も必ず未来につながっていますから、大丈夫。ＹＥＳです！

そして、天使はどれも、すばらしい経験だと教えてくれます。

私たちは、常にあなたがたを見護っています。あなたがたにおけるよいときも悪いときも。

出来事を「いい」「悪い」と決めつけるのは、あなたがたの判断でしかありません。どんなことも、すべてはすばらしい経験なのです。

結果に一喜一憂するのではなく、「今この瞬間」の自分を大事にすること。今気分よく過ごすこと。それこそが、大切なのです。

結果を気にしていたら、本当の「好き」を選べません。本当の自分を生きることもできません。「失敗しないかな？」「がっかりしたくないな」という周波数で、無難や安心を選んでしまうからです。

でも、結果を気にせず、今自分のやりたいことを素直に選び続けると、シンクロをキャッチできるようになります。そして、そのエネルギーが映し出した現実が引き寄せられます。

すべては自分で選んでいる。だから安心して、思いきり遊ぼう！

たくさんの方のお話を聞いていると、ほとんどの方が、いろいろな怖れや不安を持っているとつくづく感じます。その中でも、多くの方にとって、究極の怖れは「死ぬこと」です。

ちょっとドキッとしましたか？　天使の本なのに、不吉な話題だなと思ったかもしれませんね。

でも、天使の視点で見ると、死は決して不吉なことでも悲しいことでもないのです。死とは何かを考えることは、本当の自分として幸せに生きるために欠かせないことだと思います。そのとらえ方によって、遊園地での遊び方が変わってきますから。

実は、「生まれること」と「死ぬこと」に関してだけは、引き寄せの法則は働きません。天使は言います。

「生まれるとき」と「死ぬとき」は、あなたたちの魂が決めてきていることです。

たとえそれが、周囲から見たら早すぎたり、突然すぎたりしても、それがその人の人生にとって「最高のタイミング」なのです。

私たち自身は、いつこの世界を旅立つかわかりません。

でも、どんなタイミングであったとしても、その時期は生まれる前に、自分であらかじめ設定してきているのです。

「死」は、光へ戻るプロセス

死は決してネガティブなものでも、悪いものでもありません。この三次元の重い体を脱ぎ捨て、光へ戻っていくプロセスです。だから、こんなにすばらしい体験はないし、美しいセレモニーだと、天使は言います。

でも……、やっぱり死ぬのは怖いですよね。「死」は誰にとっても未知の体験ですから、多くの人が、「死は避けるべきものだし、死ぬのは怖い」と感じるのは当然です。

けれど、この世で死なない人は誰ひとりいません。死は、誰もが通る儀式のようなものです。そして、その時期を決めているのは自分自身です。魂はこの地球で体を持って遊び、最高のタイミングで旅立ちます。

命がいつ終わるかわからないけれど、自分の魂がその時期を決めているのであれば、その運命にまかせて生きることを楽しむしかないと、私は思っています。

赤ちゃんは、泣きながら生まれてきます。

そうやって、つらい思いをしてまで生まれてきたのは、この人生で楽しみ、輝くためです。

天使も、私たちの中に輝く光があると教えてくれます。


あなたがたには、もともと備わった光があります。

安心してください。信頼してください。

光は輝きに変わります。目覚めてください。あなたがたの中にある光に。

あなたがたの存在ほど尊く、すばらしいものはありません。


この地球遊園地にはおもしろいゲームがたくさんあって、すばらしい景色を楽しむこともできます。それなのに、目を閉じて耳をふさぎ、「怖い」と縮こまっていたら、とてももったいないですよね！

せっかく、地球遊園地のチケットをゲットしてやってきたのだから、閉園時間まで心置きなく遊びましょう。そして、みんなでキラキラ輝きましょう！

大切な人がこの世界から旅立っても、いつもつながっている

たとえ自分はそうであったとしても、大切な人が逝《い》ってしまうのはやっぱり悲しい。あなたは、そう感じるかもしれません。それは当然だと思います。

けれど、もともと関係の深い人とは魂レベルでつながっています。この世を旅立つと、単に物理的に見えなくなるだけで、現実の世界を離れても、その存在は、ずっと私たちとともにあります。守護天使が私たちを護ってくれているように、亡くなった親族や先祖がガイドとして、その人を護っている場合もあります。

大切な人の死について、天使はこんなふうに言っていました。

あなたたちは、私たちのことが見えますか？　亡くなった方も同じです。私たちと同じように見えなくても、思いを向ければ、いつでもつながれます。現実世界で見えるか、見えないか。ただそれだけの違いなのです。

ＦＵＭＩＴＯも、亡くなったお父さんやおじいさんのことを、いつも身近に感じているると言います。実際に、先日夢でお父さんと話したと教えてくれました。どんな夢かというと、お父さんから「お前、元気か〜？」と明るい声で電話がきたのだそうです。

ＦＵＭＩＴＯが、「元気だよ！　こっちにおいでよ！」と答えると、「おう！」とお父さんは返事をしてくれたそうです。

そこでフッと目が覚めたのですが、その日はお父さんの命日だったそうです。ちょうどロサンゼルスに旅行中だったので、ＦＵＭＩＴＯは「おいでよ」と誘ったのですが、もちろんお父さんはずっとそばにいてくれたのでしょう。

短い会話だったけど、笑顔の周波数が伝わってきて、とても濃いコミュニケーションができたとのことでした。特に、誕生日や命日にはエネルギーがつながりやすくなるので、ぜひ大切な人へ愛と感謝を送ってください。

世界は、光と闇が調和し合っている

「でも、生まれてすぐ死んでしまう命や、自分では望まないのに事故や犯罪に巻き込まれて亡くなる命もあるけれど、その人たちも自分で決めているというの？」

そんな疑問を持つ人もいるかもしれませんね。実は私自身が、その疑問をずっと持ち続けていました。

世界を見ると、紛争や災害、犯罪など心の痛む出来事が起きています。過酷な運命を受け入れざるを得ない人もいれば、逆に、信じられない罪を犯す人もいる。また、自然が破壊されたり、動物たちの命が脅《おびや》かされたりする状況もある……。

頭では「本人の魂が決めたことだ」「川の流れは完璧だ」とわかっています。でも、「どうして地球には、こんなに理不尽《りふじん》なことが起きるのだろう」と、以前の私には心のどこかで納得できない部分がありました。

しかし、ある出来事がきっかけで、どんなことが起きていたとしても、すべてが愛の中で調和していると気づいたのです。

といっても、これは今までの「普通」の価値観とは違う考え方です。だから、きっとはじめは違和感を覚える人もいるかもしれません。

でも、天使が教えてくれた、たくさんのことの中で、私がこの世界を見るときにとても支えになっている視点です。ぜひお伝えしたいので、まず、その出来事からお話ししますね。

何世代にもわたって紡がれてきた私たちの命

それは私にとって、とても衝撃的な体験でした。

高尾に住んでいる頃、都心での用事を済ませ、ＦＵＭＩＴＯの運転する車で高速道路に乗り、家へと向かっていたときのことです。

助手席からふと見ると、まだ小さな子ダヌキが1匹、道路の脇で震えているのが目に止まりました。そのままいたら、きっと車にひかれてしまいます。

でも、助けるためにUターンすることもできません。


私は思いました。高速道路がなければ、子ダヌキが迷い込んで怖ろしさに震えることも、命を落とすこともなく、自然の中で一生をまっとうしたはずです。子ダヌキは、勝手な都合で山を切り裂いて、道路を作った人間の犠牲《ぎせい》になったのです。

この子ダヌキと同じような運命をたどった動物は、まだたくさんいるでしょう。

でも、私自身も、その道路を利用している人間のひとりです。

大きな矛盾を感じ、とてつもない悲しみが湧き上がってきました。

怒りやせつなさや哀れさ、いろんな感情が噴き出して、「こんなことがあっていいの!? 私たち人間さえよければいいの!?」と、私は思わず叫《さけ》び、号泣してしまいました。


そのときです。突然、両方の腕から小さな細胞がいっせいに飛び出して、フワッとこちらに浮き上がってくるビジョンが見えたのです。

「ビジョンが見える」とは、実際には起きていないことが、CGのような映像になって現実の世界で見えることです。時々、天使がそうやって伝えたいメッセージを私に見せてくれることがあるのです。

天使が見せてくれたビジョンの中で、浮き上がった細胞はすべて、クルクル回っていました。その細胞をよく見てみると、それは陰陽のマークでした。

白と黒のまが玉が2つ組み合わさって円になっている、あの陰と陽を表す印です。飛び出した細胞がすべてその陰陽マークになって、ものすごいスピードで回転していたのです。

「これ、何⁉」と驚いていると、天使からメッセージが届きました。

あなたの体に流れる血は、あなたの両親から分けてもらいました。その両親は、また自分の両親から……、永遠と言っていいくらいの時間、何世代にもわたって、その血を受け継ぎ、命を受け継いできています。

その間には、野生に近い時代もあれば、戦国時代もありました。子孫を残し、生き抜いていくために、誰かを殺した人もいるでしょう。もとを正せば、先祖が誰かを殺したり、傷つけたりしたことがない人などいないのです。

そうやって生き継いできた人たちのおかげで、あなたがたがいます。

殺す人がいて、殺される人がいたから、あなたがたは生きてきたし、そういった人たちの命が混じって、その体はできているのです。

すべては、起こるべくして起きている

このメッセージを聞いたとき、一瞬にしてストンとすべてが理解できました。

今生きている自分の視点だけで、善悪を判断したり、ものごとを裁いたりするのは、傲慢《ごうまん》だったのです。

長い歴史の中で、命を奪ったり奪われたり、傷つけたり傷つけられたりして、私たちという存在が紡がれてきました。戦ったり、傷つけ合ったり、奪い合ったりしてきた人間が、こうやって存在できているのは、この世界に、本当は「善」も「悪」もないからです。

ただ、起こるべきことが、完璧なタイミングで起きている。今、子ダヌキが震えていることも、私が号泣していることも、誰かが誰かの命を奪おうとしていることも……。

天使があのビジョンを見せてくれたのは、私たちの命の中に、光も闇もすべてがあるということを教えたかったのだと思います。

誰もが、この地球でやるべきことをプログラムして生まれています。その中には、この世をすぐ去ってしまうことで愛の尊さを伝えると決めてきた命もあれば、何かの犠牲になることで平和の意味を訴えると決めてきた命もあるでしょう。

光と闇が調和し合って存在している世界で、どんなときも、どんなことも、光の側から見ていくことが大事なのです。そして、この世界を愛し、自分自身の命を精いっぱい生きること、決めてきたプログラムを楽しむこと。それだけが大切なのです。

新しい時代の引き寄せ方

地球のエネルギーが大きく変わってきている今、現実化の方法も変わってきているように感じます。

一言で言えば、意志の力で夢をつかむ「男性的な引き寄せ」から、自分でコントロールしない「女性的な引き寄せ」に変化しました。その違いを、私自身の経験から実感しています。デザイナー時代と今の夢の叶え方は、180度違うのです。

デザイナーとして活動していた頃、私は、「自分自身で、現実を創っていかなきゃ」と思っていました。

自分の力で夢を叶えると決め、実際に強い意志でそれを実現しました。当時から瞑想したり、イメージの力を使ったりしていましたが、常に思考をフルで働かせ、自分で現実をコントロールするやり方をしていたのです。

でも、そのやり方は、地球のエネルギーにそぐわなくなってきています。

私が今、どんな方法でやりたいことを現実化しているかというと、起こることを判断せず受け入れ、やりたいと心から感じることを、楽しんでやっているだけです。以前のように「絶対これを叶えるんだ」とか「何が何でも現実化しよう」とは考えません。だから、とても楽！　すべてを信頼し、流れにまかせています。

「やりたい」という素直な気持ちから動くと、大きな流れに乗れるので、「え、こんなすごいことを引き寄せちゃった！」という想像を超えたサプライズもよく起こります。

たとえば、私は歌うのが大好きで、「天使の聖歌隊」を創ってイベントで歌ったり、声楽のレッスンを受けたりしていました。ただ、純粋に「歌が好き」という気持ちで、心から楽しんでいたのです。

するとある日突然、ＦＵＭＩＴＯと私にＣＤ制作のオファーがきて、トントン拍子でメジャーデビューすることになりました。しかもそのＣＤには、私がソロで歌っている曲も入っています。歌手でもない私がCDデビューし、しかもそのCDはアマゾン部門ランキング1位を数週間キープし、ヤフーニュースにも取り上げられるという奇跡の連続でした。本当に驚きです。

どんなことにおいても、あなたを中心においてください。
あなたを中心にして、すべては成り立っています。

天使はこんなふうに教えてくれます。誰かの目を気にして我慢したり、遠慮したりせず、自分のやりたいことに正直になって「ああ、楽しいなあ」と幸せを感じてください。そうすると、その幸せは周囲にも伝わっていきます。そこから、思いも寄らない現実が引き寄せられるのです。

「やろう」「やりたい!」と思ったときが、ベストタイミング

流れに身をまかせるといっても、何もしていないわけではないんですよ。毎日い

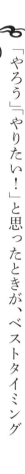

ろいろなプロジェクトが進行し、以前より忙しく動きまわっています。でも、すべてやりたいことなので、楽しくて仕方ありません。

頭では「もうこれ以上、オファーを受けたらパンクする」とわかっているのに、やりたいと思ったらつい引き受けて、後で「どうしよう！」とあわてることも時々あります。でも体が勝手に動いて、結局、精力的にいろんなことができてしまうのです。

逆に、頭では受けた方がいいと思っていることでも、少しでも違和感があったら、お断りする場合もあります。本当の自分として生きるために、そこは妥協していません。自分にウソをつかず、本音をきちんと伝えることも丁寧にやっています。

そして、やったことの結果がよかったとしても、そうでなかったとしても、何も判断しません。

「何かを成そう」とは一切思っていないし、何が起ころうと、すべては調和の中で起こっているので、その時々の結果はまったく気にならないのです。

イベントや販売物も、なんとなくタイミングが違うと感じたら、告知を先延ばしにして、「今だ」と思うときに発表するようにしています。すると、1日半で満席になったり、注文が何倍にも跳ね上がったりするのです。
「今このとき」の感性を大切にして行動していると、絶妙のタイミングでスムーズに結果が出ます。自分のタイミングで動くことで、その行為に最高のエネルギーを乗せることができるからです。

今の私は、自分の世界のすべてを信頼しているので、私自身も宇宙のひとつの「コマ」として動いている感覚があります。その時々の感性に従って動いても、自分自身には利益や結果が出ないこともありますが、いつも満たされています。なにかにつながっていると感じるからです。

天使は、現実世界で誰かをサポートするとき、流れに沿っている人を動かしますが、実際、天使が私を動かしているなと感じることもよくあります。もちろん、私が誰かから助けられることもしょっちゅうです。

そうやって、自分の今やりたいことをこの瞬間選びながら、誰かが誰かをサポートして、シンクロが起き、お互いの夢を叶えていく。それが、新しい時代の現実の引き寄せ方なのです。

生きているだけで「アート」だから、思いきり自分を表現しよう

天使は、私たちを「花」にたとえて、いつもこんなメッセージを贈ってくれます。

この世界にいろいろな花があるように、あなたがた人間にも、いろいろな個性があります。

花のようなその個性を、ひとりひとりが大事にしてください。

天使の言うように、この地球は、美しく個性豊かな花たちであふれていますね。

よくもこんなに多彩な表現ができるものだと驚くくらいです。どの花も自然のまま、ありのままに美しく咲いています。

私たち人間もナチュラルで、自分のままでいいのです。

泣き虫だったり、怒りっぽかったり、のんびりしていたり、せっかちだったり……。人それぞれの個性は、すべてアート。ひとりひとり個性が違うからこそ、世界は楽しいし、私たちすべてがユニークなアート作品だから、地球という遊園地はおもしろいのです。

自分の個性やキャラクターを受け入れられなかったら、「これもアートだ」と思ってください。堂々と胸を張って、あなたというアートを表現してください！

アートなのだから、何を表現しても自由です。短気な人は短気な自分のままで、つい悩みがちな人は悩んでしまう自分を、否定せず、そのままで思いっきり表現しましょう。「これをやりたい」と感じることを、どんどんやっていきましょう。

私たちのそんな表現を、天使はとても喜びます。その人の本質が、ありのままに輝くからです。

経験や知識は、これからの時代はあまり関係ありません。もちろん、修練の積み重ねが大切な場合もあります。でも今、自由な感性を表現できる新しい職業やムーブメントがたくさん生まれています。

たとえば、動画の投稿やブログで生計を立てたり、インターネットを使って資金を集めるクラウドファンディングのシステムで事業を開始したりするなんて、一昔前は考えられませんでした。今は、やりたいことが思い通りにできる、本当に幸せな時代なのです。

仲間と集まって、自分の「好き」や「やりたい」を一緒に表現するのもいいですね。可能性は、無限に拡がっています。本当に自由です。年齢も資格も経歴も超えて、今までになかった新しい職業を創ることだってできます。

新しい時代へのフェスティバルが始まっている

あなたは、天使が私たちをいつも祝福してくれるのは、なぜだと思いますか？

もちろん、ひとりひとりがすばらしい存在だからですが、特別な理由があります。

この時代に、地球に生まれてきた私たちはとてもラッキーで、熟練した魂なのだそうです。今起きている地球の変革をみんなで楽しもうとやってきた勇気ある魂、相当な勇者（！）だと、天使は言っています。

これからエネルギーがシフトする地球を体験したがっている魂はたくさんいます。私たちはその中から選抜されて、この地球にやってきました。私たちが握ってきた地球遊園地の入場チケットは、すごい倍率で手にできたものです。

だから天使は、「おめでとう！」と祝福してくれるのです。

特に、平和で豊かな日本に私たちは生まれました。その幸運と、本当の自分として生きる役目に気づいてほしいと天使は言います。


極上の自分になって「今」を選び続けることで、夢を叶えていけます。

天使が、どんなときもあなたを護っています。だから、「何が起きても、私は絶対大丈夫！」と思っていてほしいのです。

天使からの最後のメッセージです。


あなたがたをいつも見護っています。あなたがたを愛しています。

あなたがたの存在そのもの、そしてすべてが愛であることを忘れないでください。

私たちの存在とともに、あなたがたは光であり、愛であり、輝きを放つ存在なのです。

どうぞ、あなたを楽しんでください。

どうか、輝きを忘れないでください。

私たちはいつも、あなたがたに愛を贈っていることを忘れないでください。

これから始まる地球のお祭りは、とてつもなく楽しく、自由です。

この地球という遊園地であなたというアートを表現しながら、一緒に世界をクリエイトしていきましょう！

おわりに

あなたはいつからでも、変わることができます！
そしてあなたの人生はいつからでも、望むようにクリエイションできます！
あなたが、今何歳であっても、遅いなんてことは、ありません！

大丈夫！

あなたは、楽しむために、あなた自身であるために、この地球にやってきたんです。

思いきり自由に、この地球遊園地を、楽しみましょう！！！

いつか一緒に遊べることを、楽しみにしていますね！

最後になりましたが、この本を一緒にワクワクしながら創ってくださった、飯島さん、ちふみさん、いつも、どんな時も側で一緒に分かち合ってくれる最愛のパートナーFUMITO、そして、この本を読んでくださっている皆様、本当にありがとうございます。

愛と感謝と光を込めて。

2016年11月

JOY☆LICA

LICA

自身のブランドである「zechia」のファッションデザイナー兼作家。
24歳でファッションブランドを立ち上げ、パリ・コレクションなどに参加。デザイナーとしての夢を実現させる。その後、大阪、東京に直営店をオープン。MISIAの「アジアツアー」衣装総合プロデューサーとしても活躍。アートプロジェクト「TOKYO RECYCLE PROJECT」をワシントンDCのスミソニアン博物館、シドニーのパワーハウスミュージアムなど、世界の美術館で発表。一方で子どもの頃から感じたり、見たりしたスピリチュアルな経験を、植物療法やレイキなどを通じて再認識し、セドナへの訪問を機に、「本来の自分に戻ること」のすばらしさを伝えようと本格的にサポート活動を始める。著書に『天使が教えてくれた「おしゃれの法則」』(サンマーク出版)、『人生が輝きだすYES!の魔法』(宝島社)がある。

撮影　FUMITO(帯、p2〜3)　川崎彩乃(p1)
ヘアメイク　Tatiane Naomi Dakuzaku
モデル　SABINE
ブランド　zechia
衣装デザイナー　LICA
アシスタント　千葉希
ブックデザイン　bitter design
DTP　中尾淳(ユノ工房)
編集協力　江藤ちふみ

極上の自分になる！
天使と引き寄せの法則

2016年12月20日　初版印刷
2016年12月30日　初版発行

著　者　LICA
発行者　小野寺優
発行所　株式会社河出書房新社
〒151-0051　東京都渋谷区千駄ヶ谷2-32-2
☎(03)3404-8611[編集]　(03)3404-1201[営業]
http://www.kawade.co.jp/

印刷・製本　三松堂株式会社

Printed in Japan
ISBN978-4-309-23100-6